AF599965

JOSÉ ROMERA

BREVE ATLAS DE MUNDOS PERDIDOS

JOSÉ ROMERA

BREVE ATLAS DE MUNDOS PERDIDOS

Prólogo
Mariló Gerejos

HUERGA & FIERRO editores

Diseño de Colección: Huerga y Fierro

Primera edición: 2024

Ilustración de portada: *La palabra herida es acechada por los poetas*,
de Utagawa Kunisada

C/Sebastián Herrera, 9
28012 Madrid-España
Telf.: 91 467 63 61
www.huergayfierro.com
huerga@huergayfierro.com

I.S.B.N.: 978-84-128698-5-9
Depósito Legal: M-12313-2024
Impreso en Romadac Industria del Libro
Impreso en España/Printed and made in Spain

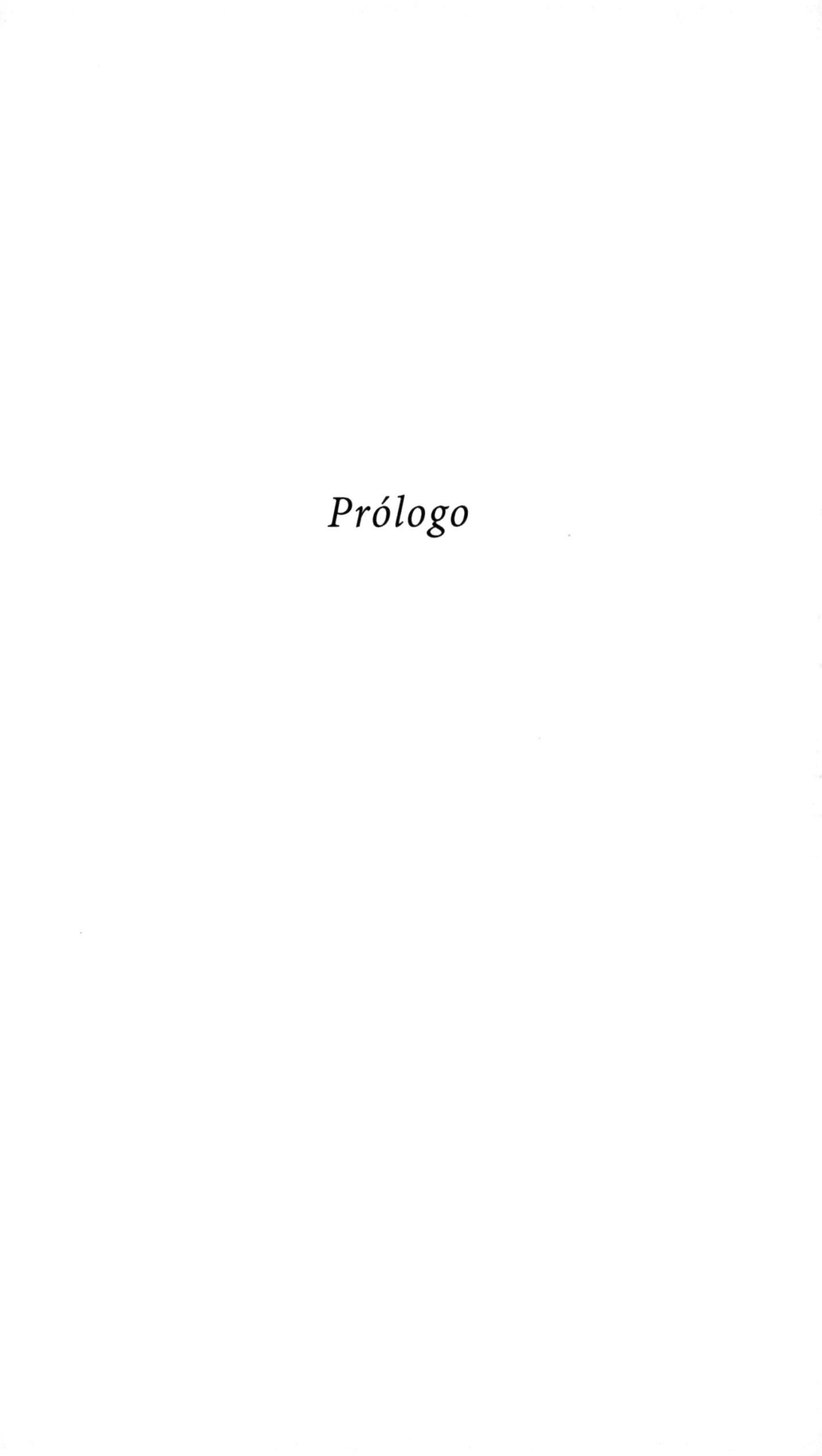

Prólogo

Uno de cada y todos cada uno

¿Poemas escogidos de un puñado de poetas arrumbados en los márgenes más apartados de la literatura? ¿Un caprichoso viaje por la historia de la poesía occidental en veinte inusuales acercamientos? ¿Un batiburrillo compuesto de diminutas biografías, bocetos de poéticas y versos de autores sepultos a estas páginas resucitados por mor de qué? José Romera, el introductor y compilador de los textos que siguen, poeta y filólogo —al menos en su acepción etimológica de amigo de la palabra— ni afirma ni desmiente y parece fiarlo todo a la reticencia —cuando las voces terminen, el sentido continuará— y al juicio del buen lector, ese mirlo cada vez más blanco.

* * *

Bondades. A cambio de ese buen criterio de lectura se nos ofrecen otras bondades con vocación de reciprocidad. Se trata de poemas escritos y recuperados de muy buena gana y mejor ánimo, con muy buen humor y mejor amor. Amor por la literatura en visión panorámica —el infinito de lo grande— y por el poema concreto que puede atrapar siquiera una emoción, un retazo de vida —el infinito de lo pequeño.

* * *

Macrocosmos y microcosmos. El significado de una palabra remite siempre a más palabras, ya que las palabras se parecen más a otras palabras que a los objetos y a las personas. Pero los poetas nos sugieren, con frecuencia, que las palabras pueden parecerse más a los objetos y a las personas de lo que nos creemos. Incluso, pueden atreverse a crear o recrear mundos que dábamos por perdidos. En cualquier caso, nos invitan a preguntarnos cómo hacer cosas con palabras y silencios, más allá de significados y tautologías. ¿Magias, tanteos, trabajosas meditaciones?

* * *

Lo diga Platón por boca de Sócrates o lo repitan las mil huestes del Romanticismo y sus herederos, no es verdad que los poetas sean un mero receptáculo de la inspiración, ese regalo de las musas, los dioses o de todos los diablos, que los embriaga, los enajena y los incapacita para dar cuenta de su quehacer o de sus escritos. Existe un tiempo previo de maduración —de ideas o experiencias, de intuiciones o atisbos— anterior a la escritura. En correspondencia, más acá del goce inmediato de su lectura, para una interpretación más penetrante, los poemas pueden agradecer, y de hecho agradecen, que se los acompase con unas líneas de prosa sencilla y clara que precisen algunas circunstancias externas *a ellos. Una mínima ubicación espacio-temporal, un ápice de contexto, apenas un rasgo de autor. Así pueden evitarse falsedades y malentendidos. El más habitual: que la poesía sea declarada incurablemente menor de edad, cuando no locura insoluble. La realidad histórica nos muestra que la mayoría de los poetas merecedores de tal nombre sabían muy bien de qué hablaban, aunque no pensaran que sus obras fuesen resultado de la inteligencia. Ayudar a que* *se ahonde y enriquezca la lectura de cada poema, a su co-*nocimiento interno, *es a lo único que obedecen los preámbulos que anteceden a los versos de este poemario.* Los Trabajos de Justicia Poética *son otra cosa, como se verá.*

* * *

¿Y quiénes son estos poetas ignotos a cuyo desvelamiento se nos invita? El primer poema y su circunstancia pertenecen a un autor anónimo. El último, a una polifonía de tres voces. Entre ambos: navegantes, alquimistas, soldados, embajadores, matronas, sacerdotes... damas y caballeros y menestrales y rabizas y sibilas y filósofos y fiscales y jueces y bufones... Ante tal variedad, se imponía elegir un poema de cada uno, aunque solo fuese para no saturar. Todos, según postula la tradición inglesa, minor poets, *poetas menores, que suelen ser* grandes poetas. *Y por si esto fuera poco, despilfarran, gozan aun cuando sufren y, entre fulgor de cuerpos y fulgor de palabras, hacen de su vida un precioso y oculto secreto, a los cuatro vientos. Así los describe, con grandes dosis de buenas razones, Luis Antonio de Villena. No seremos nosotros quienes le llevemos la contraria.*

* * *

Y el misterio del tiempo. La ordenación cronológica de autores y poemas parece conferir al conjunto del libro, a medida que se avanza, una cierta evolución dramática o patética. Como quiere T. S. Eliot:

> Time present and time past
> are both perhaps present in time future,
> and time future contained in time past.

If all time is eternally present,
all time is unredeemable[1].

Precisamente por haber estado perdidos, estos mundos han podido ser rescatados. Intensa fue la sensación de feliz recuperación, tras la primera lectura, de que en poesía suelen entrelazarse dos especies de tiempos: el, digamos, práctico, *el del control horario, los minutos que empleamos para actuar, para tomar decisiones, para leer poemas, y el tiempo* metafísico, *en el que no actuamos, pero vivimos. Y revivimos. En este segundo tiempo resuenan los poemas. Leer poesía jamás es una pérdida de tiempo. Leer y releer cuanto podamos, sin duda, nos hará vivir más y mejor.*

* * *

De modo que varios tiempos y varias épocas. Y un autor para cada tiempo. Y un poema por cada autor... o no. Llevada por ese afán de más vida a que me arrastró la segunda relectura, caí en la cuenta de que, tal vez, fueran posibles otros órdenes y entendimientos, sin duda más aleatorios, más abiertos al caos, pero, misteriosamente, más coherentes. ¿Y si los corrimientos de moles movedizas precedieron a los bosques brumosos? ¿Y si las montañas sagradas surgieron de los abismos marinos? Y recordé unos versos de Octavio Paz:

Soy mortal: poco duro
y la noche es enorme.
Pero miro hacia arriba:
las estrellas escriben.

[1] El tiempo presente y el tiempo pasado / están ambos presentes quizá en el tiempo futuro, / y el tiempo futuro contenido en el pasado. / Si todo tiempo es eternamente presente, todo tiempo es irrescatable. *(Cuatro Cuartetos, 1943)*

No leo su escritura,
sin entender comprendo.
También soy escritura
y me trazó la misma mano[2].

E intuí que cada uno de los poemas, cada uno de los poetas, podemos ser tú y yo, todos nosotros, simultáneamente, desde los quince a los eternamente veintisiete años, viajando por lugares y edades distintas, tal vez meros avatares de un poeta que nos sueña, que nos ama, que se reconcilia con nosotros, que nos vive realmente, pese a las apariencias y las dificultades engañosas de todas las geografías y todas las historias y los innumerables accidentes físicos y políticos; pese a seguir confundiendo los mapas con los territorios; pese a que a veces se crea que puede sostener sobre sus hombros todo el peso de la bóveda celeste. Como si eso no fuese un castigo divino. Como si no hubiera llovido mucho desde los tiempos míticos que tanto nos gusta evocar.

MARILÓ GEREJOS

---

[2] Una de las primeras versiones de lo que sería el poema *Hermandad,* recogida en carta del autor a Pere Gimferrer el 24/04/1975.

Para Miguel,
auditor de gallos batalladores
y, por ende,
perito en Perotas y Poetas.
Aunque no siempre rimen.

BREVE ATLAS DE MUNDOS PERDIDOS

En lo que se refiere al carácter poético en sí (hablo de esa clase de la que soy miembro, si es que soy algo), no tiene ser, es todo y a la vez no es nada, no existe tal carácter, goza de la luz y de la sombra, vive a su aire, ya sea en medio de cosas prósperas o adversas, altas o bajas, ricas o pobres, mezquinas o elevadas. Siente tanto placer en concebir un Yago como una Imogen... al gozar del lado oscuro de las cosas no sufre daño alguno, ni tampoco al deleitarse en su aspecto brillante, porque ambos le conducen a la contemplación. El poeta es lo menos poético que existe porque no tiene identidad; continuamente está llenando y dando forma a algún otro cuerpo. El sol, la luna, el mar, los hombres y las mujeres, que son criaturas impulsivas, son poéticos y tienen en sí algún atributo inmutable. El poeta carece de todos, no tiene identidad y es, sin duda, el menos poético de todos los seres creados por Dios... Es doloroso confesarlo, pero la verdad es que ni una sola de las palabras que pronuncio puede ser considerada como una opinión nacida de mi propia naturaleza pues, ¿cómo podría ser así, estando privado de naturaleza propia?

JOHN KEATS, carta a Richard Woodhouse,
27 de octubre de 1818

...Creo que hay algo por encima de todo eso, a saber: la aceptación irónica de la existencia y su refundición plástica y completa en el arte. En cuanto a nosotros, vivir no nos corresponde*; lo que hay que buscar, es no sufrir.*

GUSTAVE FLAUBERT, carta a Louise Colet,
23-24 de enero de 1854

I. Láminas profusa y bellamente ilustradas

Los bosques de bruma

En el umbral de la época helenística (siglo IV a. C.) el prestigio del poeta pertenecía al aedo, al ensalzador épico de los grandes héroes y sus epopeyas, con Homero a la cabeza. La poesía lírica, por el contrario, circulaba en un casi absoluto anonimato y pertenecía más a la esfera privada que a la pública. Prevalecía en sus autores la vocación religiosa y sacramental sobre la meramente literaria y muy probablemente así concebirían sus cantos, palabra y música, quienes los oían. Los miedos y tabúes del hombre común de la Edad Antigua, los hábitos y ritos gozosos de celebración de la vida y los actos de compasión hacia los muertos, se mezclarían inevitablemente con los de misterio y temor contra ellos. Cuántas veces un oscuro poeta, mediador espiritual, se vería impelido a intentar el milagro de cristalizar una voz en piedra, nunca la suya, y a la vez alentar su vuelo hasta otros labios, siempre vivos, en breves composiciones que acompañasen eternamente al difunto en su última morada. Y es que el poeta, quizá todo hombre, aun reducido a polvo, no llega a creerse por completo que el fin de la vida terrena signifique también el acabamiento de la existencia.

Caminante...

Tras apurar en breves quince años
el vario recorrido de una vida
estas son las cenizas que se ocultan
aquí: bajo esta estela, en un poema
como un sepulcro. ¿Puedes respirar
aún, amigo, el humo enamorado
que más propicio en otro tiempo fui?
Deja caer en tierra tu rodilla
para que así te acerques a escucharme
y puedas apiadarte más de mí.

Consagradas montañas de Aonia

Mario Rég(u)l(o) fue un poeta del considerado siglo de oro de las letras latinas (50 a. C. - 50 d. C.) de mentalidad absolutamente griega, promotor de un arte de vivir en serenidad que acertó al evolucionar desde un epicúreo recato a un temperado estoicismo. En el trayecto cayó en doble desgracia. Políticamente, por las suspicacias que levantaba en la recién inaugurada época imperial su vinculación a la familia del siete veces cónsul republicano Cayo Mario. Literariamente, por su equidistante alejamiento de los círculos de Mecenas —Horacio, Virgilio, Propercio... —y de Mesala —Tibulo o Cornelio Severo, entre otros—[3]. Por ello, tras su muerte, sus influyentes colegas y rivales lo sometieron a una suerte de *damnatio memoriae*, castigo a su independencia de criterio —o traición y delito de lesa majestad, según se mire— que intentó la destrucción de toda su obra, la eliminación pública de su nombre, la condena de su memoria como si nunca hubiera existido. Pero se conservan algunos fragmentos por un afortunado azar. En un manuscrito monacal se halló el *Carmina Syracusis*, un raro florilegio de autores latinos reprobados o proscritos —el último Cicerón, el Ovidio del destierro, el Séneca ya retirado de la vida pública...— compuesto hacia el año 600 de nuestra era, partiendo de un original más antiguo. Es un ejemplo de la forma en

[3] Cfr. el epigrama VIII del *Carmina Syracusis:* Régulo, al enfadoso paso /del hambre por tu monarquía, / sin Mecenas que ofrezcan salas / ni Mesalas que sirvan cenas, / tendrás que tragar tu cetrillo /no bien harto de coronilla.

que la poesía logra preservar a unos pocos de sus artistas heroicos. Esta peripecia muestra que incluso cuando un escritor es excluido durante siglos del canon literario y de la tradición, no tiene por qué acabar siendo pasto del voraz olvido.

Armas completas

Ante tus ojos lúcidos la vida se despliega
en toda su crudeza: el goce no es posible;
tus riquezas, escasas; Licia prefiere a otro.
La Virtud que pretendes es cima sin alcance,
mas no por ello cejes. Toma cuanto te ofrezca
sin mezcla de pasiones que de salud te priven,
te lleven a injusticia o te hagan un inútil
para la dulce patria. Esfuérzate: sé libre,
ciudadano de Roma. Merecerás nobleza,
te abrazarás a héroes, entre los inmortales
se contará tu nombre. Vencerás, ten paciencia.
El retorno a la Arcadia ocurre tan despacio,
casi tan a destiempo, que nunca se termina
de siempre estar llegando.

Las selvas vírgenes

La poesía del *minnesänger* Joseph Peregrina (1168-1226) es completamente personal, si bien plenamente consciente de que no es posible la creación *ex nihilo*; de que, forzosamente, cada nuevo poema requiere de formulaciones previas que lo doten de una mínima tradición, aunque solo sea para enfrentarse a ella y repudiarla. No dice gran cosa de las circunstancias externas de su vida, pero expresa su carácter con impresionante energía. Un carácter muy complejo en el que se combinan un orgulloso espíritu a la par que ingenuo, una indomable osadía, vehemente emotividad, afán de refinamiento y cálida humanidad, exuberancia vital y corazón sensible. Creía en la belleza y la bondad y a través de su existencia colmada de luchas y de decepciones, conservó una fe profunda y una secretísima aptitud para la dicha que sentía sembrada en su alma personalmente por la diestra de Dios.

A la etérea nobleza de la dama sublime opuso la vitalidad de la muchacha; a la adoración puramente espiritual, el auténtico y vivo deseo. Transformó el juego estético y la ficción cortesana en naturaleza y empuje vital. Se apoyó en la poesía amorosa popular y en la lírica latina de los *vagantes*, liberándose del estilo de la canción trovadoresca occidental, cantando sus propios sentimientos siempre con un velo de pudor, pero con animación, energía y hasta con una entonces ignorada proximidad al ser amado.

El ruiseñor silenciado

Bajo los tilos del prado,
donde hubiera deseado
nuestro lecho para dos,
allí podréis encontrar
flores todas en sazón
—lorelei, tandaradei—
en la voz del ruiseñor.

Llegué a la vega do estaba
mi bienamado del alma.
Allí nunca fui tomada.
¿Que si al menos me besó?
Diez mil veces con sus ojos,
—lorelei, tandaradei—
dándome razón de amor.

Abalancéme a su cuello
—mirad qué roja mi boca—.
Bien enmudecido él,
—lorelei...—
mas harto elocuente yo,
            —...tandaradei—
entrambos muy bien honrados,
adiós,
            adiós
                        y con Dios.

Mares firmes, tierras movedizas

Un güelfo misterioso e impensado, J. Gerarosomile (¿1263? - ¿1315?), con un algo cabalístico y un no se sabe qué de orientalista, admirador más que apasionado de Publio Virgilio Varón, como el Dante y la legión de poetas medievales que le siguieron, se propuso nada menos que recomponer, casi hexámetro a hexámetro, la poesía italiana de su época tras los pasos del poeta nacional de Roma. Quizá creyese compartir con el de Mantua milenarios y espirituales ancestros o un numen poético transmisible por una suerte de literaria magia simpática. Quiso, como él, resucitar la antigua escuela alejandrina de Teócrito y Calímaco. Le gustaba, como a *Parthenias,* pulir amoroso sus versos, *como lame la osa a sus crías*, según el antiquísimo adagio, haciéndolos y rehaciéndolos una y otra vez sobre la excelsa falsilla virgiliana. Pero, no satisfecho con ello, pretendió una recreación de la poesía épica de todos los tiempos, con sentidos excursos líricos, desde los precedentes más remotos hasta sus días, con la *Eneida* como principal modelo, ajustándose a una fidelidad extrema en un *relato en marcha*, narrado en primera persona, la *Gerarosomileida,* en la que el propio autor es, simultáneamente, el héroe y el poeta acreedor al laurel de Apolo. Como la Inquisición la incluyó y la rehabilitó alternativa y parcialmente en el cambiante Índice de sus ediciones, de ella no conservamos sino algunos fragmentos de unos pocos libros que difícilmente podemos dar por canónicos.

Historias de navegantes y guerreros, el trato asiduo, imprevisible y caprichoso entre mortales y dioses, las tormentas, los fuegos funerales, el descenso a los infiernos, los catálogos de aliados y enemigos, las armas maravillosas, el duelo a muerte entre los eternos rivales, entre muchos otros, son temas que podemos leer en Virgilio, pero también en Apolonio de Rodas, en Homero o en la *Epopeya de Guilgamesh*. Nadie, sin embargo, debería acusar a Gerarosomile de plagiario. Ese material era acervo común de todos los poetas y con él debía crear su propio mundo, y ya solo intentarlo tenía su mérito. En la literatura clásica la tradición era fuente de originalidad y necesario mandato beber en ella.

El oráculo de Venus

(GERAROSOMILEIDA, Libro I, fragmento XI)

...A la hora de nona, tras la tempestad,
desamparado y a la deriva en medio de la urbana selva
que más allá del *Finis Terrae* trazase un Dédalo boreal,
súbita entre la neblina, me salió al encuentro Venus
disfrazada con rostro, atuendo y armas de bárbara virgen,
semejante a Ilene de Branwyn cuando fatiga su caballo
a la par que los espíritus de Val de Thule y Arn de Ord,
y en la carrera vence al rápido Septentrión.

A su sabor, hubo reservado las postreras flechas del día
para lanzarlas al crepúsculo escondidas en lluvia bajo un iris de oro,
no más que por ver cómo al azar dónde dulcemente caían
y llevaba cruzado al seno, a modo de cazadora,
el certero arco de su hijo, ya hincado en mi aorta el último dardo,
dando al viento la suelta y negra cabellera
y prendida, ¡ay!, con un solo y breve broche
la flotante túnica que todo encanto enardecía.

—Hi, boy. Do you know where the Music of the Spheres is?[4]

Yo, que apenas balbucía su lengua y aún no pronunciaba la del Lacio,
¿cómo podía emular a un Eneas o a un Virgilio devotos?
Ninguno de tus templos he visto, ni oído los himnos áulicos que apeteces,
¡oh, virgen!, que no sé qué nombre darte,
si bien tu faz resplandece como Diana y sobrenatural canta tu voz,
¡oh, probabilísima diosa!
¿Te procreó el padre de Febo o es de las Ninfas tu linaje?
Quienquiera que seas, sé propicia a tu prosélito,
alivia la sombra que me nubla y dime bajo qué cielo por fin,
a qué playas de qué isla, la suerte me arroja.

[4] Muchacho, ¿sabes dónde mora la Música de las Esferas?

Ignorante del suelo que piso y de las gentes que lo habitan,
vago perdido y roto como despojo en naufragio,
arrastrado a tus pies por la tormenta,
las inmensas olas que se abrazaron a nubes
y este cruel y punzante anzuelo
que so las nacientes branquias me transe;
dime dónde me hallo y mis labios y manos,
sanguinolentos y agradecidas, como están,
ofrecerán en tus altares numerosos sacrificios.

La Diosa Blanca, transfigurada, advirtiendo en mí el patético concierto
de acento advenedizo, mirada henchida de pasión e imberbes mejillas ruborosas,
bien pudo haberme contestado:
En verdad no soy digna de tales honores;
uso es de las doncellas ánglicas portar aljaba y calzar altos borceguíes de púrpura
que tras la cacería, para mi solaz, descalzo
—y bien pudo haberlo hecho
y posar para ello, como amiga, su diestra en mi hombro
y desatar cordoncillos y desnudar piececillos
y lucir cadenilla de plata en tobillo izquierdo a maravilla torneado,
pero todo ello ya no sé si soñado—.
Y en lo que a mis artes concierne, compruebo cada día
entre complacida y ensimismada la caza o pesca no menor
que las ancestrales armas de Cupido ensartan.

Viendo estás los dominios de Ávalon donde la bruma susurra en gaélico,
tierra de druidas y bardos, nación de los intemporales Merlín de Dartmoor
y Taliesin, Frente Radiante, que funde humo de nieve con estrellas estivales.
Estos son los lindes bretones,
al norte nomadeados por los belicosos pictos
y a sur, orto y ocaso besados por el polícromo piélago multiforme
que toda la cintura del mundo ciñe.
No es rareza pues que, como a tantos,
Neptuno te rescatase y aderezase ante mí chorreando babas.

Mas otro espacio y otro tiempo más altos
quizá vislumbres si aplicas el ciclópeo Tercer Ojo
a la gracia que confiere la herida recién abierta.
La saeta te ha venido a penetrar tu Otro Centro.

Religado a este nuevo ámbito, lo consagrarás
y ya no habrá interior y exterior, alma y cuerpo,
tú y yo, ni nosotros, pues Todo será Uno en todos.

Si haces en él asidua residencia,
tu decisión comprometerá tu existencia por entero
y habitarlo sin desmayo creará en ti una réplica
del Olimpo ejemplar establecido por los dioses.
Compartirás, según tu elección,
la santidad de las obras engendradas por la belleza.
Erigirás en Tu-Otro-Yo recién nacido, el Axis Mundi
que atraviesa Inframundo, Tierra y Cielo.
La totalidad de la Vida, la plenitud del Ser, se extenderán a tu alrededor.

Habrás traspasado el umbral que te libera del Caos
y te adentra en la Edad Áurea celebrada por Hesíodo
en silente música de ritmos antiquísimos
y ya en todas partes podrás aparejar estancias sagradas:
aras propicias, casas cultuales, ciudades sacramentales,
orbes tocados por el don del Amor que ya fluye a borbotones por tus venas
y ansías escanciar como néctar en otros labios gemelos.

¡Oh, tú, joven adepto, no creo que vivas aborrecido por ninguna deidad!
Prosigue tu camino y parte desde aquí a fundar propias cosmogonías.
Cobrarás destrezas desperezándose despaciosamente a medida que avances,
afrontarás pruebas y riesgos, frondas y desiertos, trabajos desabridos
que profundizarán en tu sed y no bastarán tus lágrimas para saciarla.
Bendecirás y maldecirás tu estigma
mas no podrás usurpar infierno ni orgullo por la pertenencia a los de tu escasa estirpe.

Toda epopeya nonata, todos los abortos de poemas,
los cantos que desde ahora mal te nacen apenas inspirados,
los sentimientos confusos que pugnan por brotar de ti como en jauría
y que no semejan sino aullidos de bestias salvajes,
un día serán domeñados y darán testimonio de tu ser inmortal.
Hasta entonces, pega el paladar a tu lengua,
refrena el fragor crepitante del fuego que te consume,
procura que no trasluzca el ardor a tu semblante
y aprende como cría de dragón a escupir quintaesencia de lava,
vaharadas de negrura y humo, copos de ardida ceniza.

—I... I... don´t know... and I so sorry...[5]
—Never mind [6] —se despidió sonriendo...

...y volviendo el rosado cuello con gentil ademán alado,
tal Anglor del Ródano, la ninfa, se fundió en las sombras y las aguas
y sus cabellos esparcieron aromas de menta y ambrosía.
En acerba y extraña patria, sin rama dorada y gimiendo a solas,
comencé a cruzar sin medida del tiempo los estrechos dinteles de Ultratumba...

---

[5] No lo sé... ¡y cuánto lo lamento!

[6] No importa...

Eternos vientos de Oriente

Yusuf Arroem fue un legendario alquimista, curandero, taumaturgo y poeta nómada de procedencia y época inciertas. Hay noticias de él desde la Baja Edad Media hasta el Barroco. Parece concebir todas sus actividades como solidarias, transmisibles en una atmósfera impregnada de sacralidad y misterio y comportan iniciaciones, rituales específicos y *secretos de profesión*. Se diría por sus escritos, que nos han llegado siempre de tercera o cuarta mano, que conocía los textos más remotos de alquimia china, pero también los de Alejandría y, finalmente, las máximas contenidas en el esotérico *Lawh Zabaryad,* supuestamente compiladas por los discípulos de Hermes Trismegisto y traducido al latín por Hugo de Santalla como la *Tabula Smeragdina,* que fue difundida en toda Europa por San Alberto Magno. La postura de Arroem ante la poesía, como ante la alquimia, contrasta con el desprecio cada vez más racionalista, descreído e ilustrado hacia ella del que da testimonio la era científica occidental posterior a la Escolástica. No se trata para Yusuf de reírse ante un asunto extraño y en apariencia incomprensible: es preciso examinarlo, analizar el hecho poético y preguntar por él al mismo poeta.

Piedra filosofal

Ve cómo el hombre asume la gran obra del Tiempo.
Precipita sus ritmos, avanza crecimientos.
Acrisola metales crudos, domina el fuego.
Cómo puede ayunar cien días de desvelos,
ungirse con los óleos pingües del sacramento.
Huir de los profanos y alumbrar el secreto
de toda soledad a corazón abierto.
El Elixir de la Vida, recóndito en el centro,
refulge mineral, maternal desde el seno.
Oro y jade preservan la tersura del cuerpo.
El divino cinabrio, rojo y vivo alimento.
Vuelve a la seminal muerte de lo superfluo,
al agua primordial en que el embrión eterno
fluye y recrea el mundo, nada y renace pleno.
Más perfecta materia; el espíritu, denso.
Transmutable la Piedra en dócil Universo.
El caos calcinado. Acuidad del silencio.
Atrévete a cumplir los designios del Cielo.

Feudos de rosas esculpidas en cristal y piedra

El Maestre Armero (1442-1481) fue sucesiva o alternativamente palafrenero mayor de un rey en una corte insurrecta, preceptor de retórica y recio poeta castellano. Logró un perfecto equilibrio entre las actividades militares y la contemplación poética. Representó al hidalgo heroico en el esfuerzo bélico; elegante y galán en el uso cortesano austero, y solemne en la reflexión sobre los asuntos esenciales de la existencia, a semejanza de su admirado coetáneo, Jorge Manrique. Dejó escrito con gran llaneza el advenimiento de la poesía a sus quehaceres: *"En leyendo entre las muchas cosas de Antón Montón o Montoro, di de bruces con aquella cancioncilla: Amor que yo vi / por mi pesar /quiero olvidar. // Mi corazón se fue a perder / amando a quien no pudo haber. // Si lo perdí / por mi mal buscar, / ¿do lo iré a hallar? / Por se perder cuitas le dan / et puso en mí en tal afán, / que vivo así / sin le cobrar / por le contentar. // Allí do piensa vivir / hace a mí solo morir. / Mas pues allí / piensa durar / débolo dejar. /// ...y decidí con la grande tristeza amorosa de todos los poetas del siglo, ejercer yo también de tal"*[7]. Escrupuloso con la poética de su tiempo, desde la Edad Media hasta bien entrado el Renacimiento, midió su originalidad no tanto en el ámbito de la *inventio* cuanto en el de la *dispositio.* En la muestra expuesta a continuación conservamos las grafías arcaicas con escasas modificaciones, añadiendo acentos y puntuación modernos, así como unas breves notas explicativas cuando es preciso.

[7] *Glosas, pliegos sueltos y quisicosas al Cancionero General, por Hernando del Castillo,* 1521, con corrección de las faltas más evidentes de la edición *vulgata* con el subsidio de los manuscritos y antiguas impresiones que transmitieron la obra del Maestre Armero.

Escala de catiuo[8]

Estando triste, inseguro
mi voluntad inquietaua,
quando escalaron el muro
do mi congoxa habitaua.

A'scala vista[9] subieron
vuestra beldad e mesura,
e tan de rezio firieron
que vencieron mi tristura.

Luego, todos mis sentidos
fueron en desguarnecida,
mas yvan ya bien feridos
con sendas llagas de vida;
e mi catiuidad fué,
en vuestra presencia, cielo,
e vos l'alta escala que
abaxó mi desconsuelo.

---

[8] Catiuo = Cativo: cautivo, prisionero, esclavo. Pronúnciese v o b en lugar de u en las grafías sucesivas que permitan el cambio. Escala de catiuo: alegoría militar -no podía ser de otro modo- con la descripción de una inmediata liberación (vid. v. 5) de la celda exterior e interior por el tropel de Belleza. Según los *Annales Anectodorum Carceris Sancti Petri* el poeta, durante su primera instrucción en armas, recibió inesperada visita de dicha señora principal y su séquito. El texto tiene muchas semejanzas con la "Batalla de cautivos" de Gómez Manrique: Estando non descuydado/ del rebato venidero...

[9] A (e)scala vista: con asalto arrojador, irresistible.

Yo, en queriendo ya volar,
levantaua mis sospiros
e mis quexas a la par
que non dexábanme estar
ni mostrauan qué deciros
que non fuesse militar.

¡Guay! Que fué tal la sorpressa
desta tan gentil escala
que mi lengua quedó pressa
e olvidó cantaros gala,
e impidió la mi torpeza
recibiesseys los honores
que abuela e madre e Belleza
meresciesseys de mis loores[10].
Si ouviesse[11] dos coraçones
non pudiessen imploraros
más, e más, e más perdones
questos que quiero lloraros...

E aun así todo fué gozo,
que desque[12] me visitasteys
e fablasteis e mirasteys,
es castillo aqueste pozo;
e haberos visto e oído,
siendo catiuo perdido,
fué motiuo d'alborozo.

---

[10] ...meresciesseys de mis loores: la hipermetría (9 sílabas) de este verso es intencionada. Hábilmente el autor añade una sílaba como símbolo de los loores que merecían las damas mencionadas en el verso anterior.

[11] Ouviesse: tuviese.

[12] Desque: desde que.

Cabo[13]

Acordaos de mis dolores,
acordaos de mis tormentos
qué[14] sentido;
acordaos de los temores
e males e pensamientos
qué sufrido,
Señora, porque sería
muy baldía
toda mi dicha e contento
si la'scala no porfía
otro día
por procurarme alimento.

Esperando en la creencia
de una nueva tal presencia
de bienes tan remontados,
mis Desseos e Cuydados
todos se vienen lançados
delante vuestra excelencia.

[13] Cabo: lado, parte extrema. En las composiciones poéticas podía tener carácter de compendio, moraleja o suplicatoria final a la persona que iba dirigida el poema (como en el caso que nos ocupa).

[14] Qué: que he.

Reinos envueltos en sombras luminosas

El florentino R. Amore (1489-1560) encarna el temperamento propio del Renacimiento: un individualismo tenaz, animado por la pasión religiosa, cuyo sentimiento de la libertad, del espíritu ambicioso de conocimiento, lo lleva a desbordar toda tradición y a entregarse casi alucinadamente a pesquisas e indagaciones cada vez más afiladas. Fue copista en Roma y latinista con escasas nociones de griego que, sin embargo, le sirvieron para vislumbrar y amar la selva inmensa de la cultura grecolatina y, más tarde, para viajar a España formando parte de la embajada humanista de Francesco Guicciardini, su mentor. En nuestro país se enamoró concienzudamente por lo que, por razón de nueva nacencia, lo adoptó como patria. Era un cristiano ajeno a dogmas y confesiones, una suerte de protomístico laico, un acogedor de alumbrados. Lo animaba la conciencia de una absoluta revelación religiosa. Buscaba la presencia divina en todas las cosas. No le interesaban los hechos en sí, sino su sentido simbólico y el desvelamiento trascendente que en ellos se manifiesta. Concebía el mundo como un bosque que arraiga sus raíces en el suelo, extrayendo la verdadera sustancia de la tierra; que florece con el arte; que se aquieta con el silencio del estudio; que levanta hacia el cielo las ramas de sus árboles, clamando por una mayor penetración del corazón de Dios y de los hombres; que a veces se desata en medio del furor de terribles tempestades. Un bosque que no duerme nunca, un bosque que cubre toda la extensión conocida y nos promete la existencia de otros ámbitos físicos e ideológicos. Un bosque que fomenta y engendra toda forma proteica de vida.

Cave poetam[15]

No vuelvas una sola vez más,
Clío,
el turbio escorzo de tu cuerpo impío
contra mí, pues también yo soy mortal,
huérfano de Dios y de fuerzas lacias,
hijo de Furias, Eros y tres Gracias.
Y si lo haces, tal vez para mi mal,
no se muevan mis manos a escritura
ni surtan advertencias de mi boca.
Que toda sed de besos se desboca
a poco que te abrace la cintura.

[15] Cuidado con el poeta.

Acercanzas celestes

Doña Mar Ligero (1502-1575) fue una matrona noble andaluza muy devota, viajera y con pujos literarios. Fue corresponsal de los santos Ignacio de Loyola y Juan de Ávila, de cuya religiosidad aprendió, sobre todo, modestia y gravedad, y a quienes reprochaba cariñosamente su lenguaje áspero, alabando, sí, su voluntad de *escribir como se habla, sin afectación*, pero animándoles a *alzar un tanto el vuelo poético en sus sermones, que sólo se ha conocido a Dios cuando se ha sentido sobre el propio ser el dulce peso de Su Belleza, de Su Bondad y de Su Verdad y Vuestra Reverencia ha de intuir, como de cierto tengo para mí, que cualquier lectura de la revelación divina que olvide una de estas tres cualidades, o sacrifique una de ellas a las demás, no bien hace justicia ni a la naturaleza de Dios ni a su manifestación en nuestra historia. Y convendrá conmigo en que Nuestro Señor Jesucristo, por esto mismo, ha de ser tenido como el primero entre todos los poetas*[16]. En 1570, ya viuda, ingresó en el monasterio de la regla de San Francisco de Nuestra Señora de Jerusalén, donde revisó y redujo a una ínfima parte todos sus escritos, muriendo santamente.

[16] Carta Tercera a Juan de Ávila, dentro del *Compendio de ascetas y místicos españoles*. Madrid, Imprenta de San Francisco de Sales, 1892, segunda edición revisada y aumentada, 26 tomos.

Sermón de Epifanía de Juan de Ávila

Pudiera ser que guíen las estrellas,
que se abajen a montes y techumbres,
que alumbren portezuelas en establos
y alleguen Majestades a la aldea.

Mirad el paritorio de Belén.
La Luz entre las pajas, dormitando.
¿Quién duda que al estruendo de los fuertes
su madre en sobresaltos se anegara?
¡Alguien querrá llevarse de mí al Niño!
Lo escondería como bien pudiese,
las palabras del ángel sosegando:
El Señor es contigo, nada temas.

Apéase el Oriente tras sus galas.
Acuciarían pajes:
                    —Vos, Señora,
¿sabréis darnos noticia dónde nace
en hora buena el Rey de los judíos?
Diría esto:
                —Señores, preguntadlo
a letrados y sabios de la Ley.
—Señora, consoladnos y decidnos,
por el amor de Dios, si tenéis hijo.

Era Su voluntad se descubriese:
—Sí que lo tengo.
—¿Cuánto ha que pariste?
—Trece días.
—Hacednos la merced
de mostrárnoslo.
Tómalo María
y álzalo llena de gracia en sus brazos.

En viendo al Niño, séquitos y nobles,
coronas, potestades, toda alteza,
derríbanse por tierra,
deslumbradas
sus almas por aquél que era el Mesías.

Cetros, rompeos; tronos, humillaos.
Razones y entendidos de este mundo,
habéis perdido el juicio, claudicad.
El Señor de la Vida se revela
en figura de niño desvalido,
el Señor del Amor
se nos entrega
sin atuendo de Dios.

Extrañas rutas por bizarros imperios

E. O. de la Morera, S.J., (1604-1670), presbítero jesuita, pasó la mayor parte de su vida como Lector de Escritura en el Colegio de Gandía, donde se dedicó también a la poesía, a la teología y a la metafísica. Fue, desde su admisión en el noviciado de la Compañía de Jesús, miembro fundador de la sociedad literaria *Nihil volentibus arduum*[17], junto al filósofo Victorius *El Viejo* y al escritor Baltasar Gracián, todos ellos escolares con destinos cercanos entre sí hasta su tercera probación. Aun después, hecha la profesión solemne de los cuatro votos, mantuvieron su amistad. Colaborador juvenil con el conceptista en alguno de los *discursos* que más tarde conformarían esa obra de retórico entusiasmo que fue y es *Agudeza y arte de ingenio*, entre su correspondencia podemos leer pasajes como el siguiente: *Tasarito, no dejes de incluir en tu tratado la ficción breve o de un solo concepto, cuyo artificio consiste en una invención fabulosa de algún asunto ajeno, para con ella exprimir más el sentimiento, aumentando con lo fingido la ponderación. Ya sabes que en el epigrama griego que Julio César Escalígero tradujo al latín, Matario fingió que la ninfa Doris se llegó a él y le ató las manos con una hebra de sus cabellos, y haciendo él burla de la frágil prisión, se halló burlado, porque no pudo después romper el cordón del amor, ese grandísimo tirano. Te paso mi versión del latín a lengua romance, en la cual trueco a Doris en Myriam —que la limpieza ha de ser antes de espíritu que de sangre— y en la que se traba, junto a las manos, también*

[17] Nada es arduo para los que de verdad quieren.

la lengua, para mayor verosimilitud del suceso y regocijo nuestro, que concuerda y hace antítesis con la sabia expresión popular de no tener pelos etc. Con tu venia, creo que no merece menos estimación, y aun todavía la remato con una cola o coda conceptuosa y enjundiosa, si bien de arte menor. ¡No te dejes convencer por la traducción que ya te habrá adelantado "el agudo universal", tu rancio canónigo don Manuel de Salinas, de un tal Paulus Silentiarius, que pese a semejante nombre, no hará más que aportar paja y más paja a tu libro, que debiera ser condensada y verde fronda...![18]

Se cree que publicó en Amsterdam, anónimamente, una obra en cierto modo antecedente del *Tratado Teológico-Político*, de Baruch de Spinoza: *De Philosophie d'Utleghster der H. Schrifture (etc.)*, Vrystadt 1667.[19]

[18] *Monumenta Historica Societatis Iesu, Collectanea*, Dimes y diretes menores acaso de algún provecho.

[19] *La filosofía intérprete de la Sagrada Escritura (etcétera).*

Pondera en un soneto la causa de su tristeza y remonta en coda con ingenio de paradoja su contento

De sus trenzas morenas un cabello
la dulce niña Myriam cortó un día
que acariciadamente entretejía
sortijas de azabache al blanco cuello.

Con lazo tan sutil, nunca más bello,
mi lengua a las mis manos así asía,
fieramente apretaba y sonreía,
A fe mía, que no podrás rompello.

Quería reír yo, bien confiado
en quebrar fácilmente el débil nudo
mas cuando lo probé, vi mi condena:

todo el ser ferozmente aprisionado,
sin arte ni destreza el pulso mudo:
jamás podré tronzar tan gran cadena.

CODA

Si estoy preso porque quiero,
¿qué otra libertad querer?
¿Qué más vida puede haber
que morir del mal que muero?[20]

---

[20] Los dos últimos versos aparecen en la *Diana,* libro I, de Jorge de Montemayor, aunque con la variante *¿Qué más honra puede ser...?*

Fauna dispersa de variado pelaje

August Fingers, aquel gramático que propugnaba *una literatura de leones rampantes en contraposición a la gatuna docilidad que ronronea en nuestros días*[21], escribió sobre la poetisa inglesa Rea Gilmor (1675-1726): *Algunos que la trataron más asiduamente que yo, me la describen como una mujer que no pensaba sino en vivir tranquilamente entre amigos y libros, eligiendo cuidadosamente unos y otros; no buscando, bien que tampoco huyendo, el placer; siempre bien dispuesta a un regocijo modesto y deseosa ella misma de hacerle nacer, cortés en sus maneras y prudente en sus palabras, teniendo toda clase de ambiciones, incluso la de mostrarse sutil y espiritual. Amaba el ingenio de nuestros poetas metafísicos. Otros añaden que fue servicial, puntillosa y acaso tenía una pizca de no bien disimulada vanidad. Por mi parte, solo puedo decir que cuando lo que a otros parece vanidad tiene, como en ella, en qué apoyarse, es difícil determinar con precisión si se trata de vanidad o de envidia de quienes como tal la juzgan (Sparkling Devonshire — A Sweet Tickle).*[22]

Aunque no llegó a dar ningún poemario a la imprenta, ella fue el centro espiritual y literario de los condados meridionales, y sus cartas, llenas de reflexiones líricas y bre-

[21] En *Burbujas de Devonshire (Un dulce cosquilleo)*, uno de los primeros *semanarios morales* de comienzos del siglo XVIII, a caballo entre la literatura de edificación religiosa y la incipiente literatura de diversión profana, mencionado por Alexandre Beljame en su obra *Le Public et les hommes de lettres en Anglaterre au XVIII siècle, 1881.*

[22] *Ibidem.*

ves y densas composiciones poéticas, figuran entre los documentos capitales de lo que el Doctor Samuel Johnson llamaba *la literatura sapiencial inglesa*. Inició con poco menos de un siglo de antelación la emancipación intelectual de la mujer, que no empezó a influir en la vida cultural hasta el primer Romanticismo, tanto por sus ideas como por la atmósfera de su salón literario, lleno de *bel esprit*, al más genuino estilo francés.

Hasta las puertas de Ecrón

¡Oh, filisteos insensibles
que desdeñáis la dulce cítara,
y solo apetecéis saqueos
de triste vida mercenaria!
La poesía a mí también
me viene grande con frecuencia.
Sus correajes se me enredan
si os lanzo versos como piedras
partiendo de certera honda.
David con yelmo de Goliat,
en contraste tal vez risible.
Pero la dignidad intacta
del despojo en cada poema,
del rapaz que os venció en batalla.

Últimos fulgores en el Mar de los Bucanes

R. Moaré parece que nació en la Provenza, de adinerada familia tratante de telas, tal vez entre 1765 y 1770. Él mismo dice que acompañó a un advenedizo George-Jacques Danton por las tabernas de París en los albores de la Revolución, y que era entonces aficionado a la vida de sociedad. Debía de sentirse un cortesano por lo que, tan pronto pudo, alarmado con la sangre de septiembre del 92, emigró a la aventura del Caribe. Estableció un secadero de cacao en plena isla de la Tortuga. Era hombre piadoso, que conservó siempre muy buen recuerdo de cuando en su adolescencia estudió con los dominicos. Algunos de los que se han ocupado de él lo pintan como a un místico. Otros, como un hombre afable, espiritualmente mundano e influido de modo decisivo por la religión y por la criolla de origen español Micaela Villarroel, por otro nombre *Cacaolé*. Juez de paz a la fuerza en tiempos convulsos y lugares inopinados, tal vez fuera el tipo clásico del hombre de leyes improvisado que busca el bien del reo del modo menos torticero posible, para quien el perdón ha de ser la base del código penal y de un Derecho esencialmente compasivo. No pueden negársele ciertos talentos accesorios y alguna erudición que gustaba en esparcir en notas y apostillas a pie de página. Pero todo queda en él ahogado por los años finales de revueltas, saqueos y sombras de un siglo pretendidamente de luces. Terminada la penosa tarea de impartir justicia en tierras de filibusteros, comenzó su tardía carrera de poeta, con un estilo barroco, precipitado y lleno de atropello, como quien tiene mucho que decir y le faltase aire, resuello y tiempo para explicitar tanta verbosidad largamente contenida. Con los años se acentuó en él una piedad más formalista. Sabemos que volvió a la metrópoli. Al menos hizo una peregrinación a Jerusalén y otra al Egipto de los coptos en pos de las huellas de San Marcos y su Evangelio sencillo. En recompensa por sus servicios fue nombrado consejero de Estado en París, donde murió apaciblemente hacia 1840. Su vida y renombre hubieran sido humo de no haberse visto involucrado en tantos extraños procesos exóticos, tiznados de magia negra y vudú.

Confesión del necesitado Monsieur Poincaré, honorable bucanero, puesta en verso libre por la mulata Melacita, *que lo embrujó y abogó en su defensa y obtuvo veredicto de inocencia con todos los pedimentos legales*

Necesidades hay tan evidentes,
tan sin distinción ni originalidad,
tan por todos y cada uno
de nosotros traídas y llevadas,
tan laboriosamente inscritas,
incrustadas en nuestra médula,
parapetadas tanto tiempo
bajo el escudo de nuestro carácter,
tan moldeadas, sin embargo,
por el siempre hostil medio ambiente,
tan desfavorecidas por tanta hipocresía
reinante que transmútalas en no
visibles tantas veces también a nuestros ojos,
desasidas de auténtico y común
asentimiento, tan taimadas
a la hora de asomarse sus indicios,
tan refinadas en el arte
de hacernos caer en nuestra indigencia,
tan iluminadoras de nuestra desnudez
innata, tan dadoras de materia
humana que no pueden ser del todo olvidadas
las que a su sazón no se satisfacen,

tan enlaberintadas de raíz
con nuestra historia, con nuestro futuro,
tan cizaña de nuestro trigo,
tan apegadas a nuestras pasiones
como a tantos de nuestros sueños,
en ocasiones tan heroicas
sin que se sepa a ciencia cierta
por qué, por qué así son sino de un modo
elemental y físico —como esa de querer
al prójimo que intúyese recíproca
de esa otra de ser por Dios amados,
de ser por Dios amados—, tan preñadas
de instintos, tan carentes de razón
—de una sola— que todas las justificaciones
desprecian, tan crecidas en tristeza
al enquistarse y tan plenas de rara
indiferencia apenas se consuman,
como toda natura, exuberantes,
tan sorprendidas por tal abundancia,
simultaneidad y solapamiento
que suelen devenir en avalancha,
tan agitadas por diversidad de espíritus
que aturden los escrúpulos y todas las conciencias,
tan poco visitadas por paz definitiva,
tan aparentemente faltas
de nutricia raíz como llenas de fértiles
e intrincados ramales que bifurcan,
titubean, marean, enredan y confunden,
tan, tan arborescentes en mi alma y en mi cuerpo...
que solamente, sí, pueden ser mías.

Ante este maremágnum, esta hidra bullidora,
es preciso gritar *¡basta!* de cuando en cuando,
explorar con cuidado las oscuras
celdas del corazón —aquellas
en las que nunca estuve— y deponer
la espada, hincar rodilla en tierra
siquiera un solo instante hasta cobrar
nuevo aliento y confianza, anclar
en un tiempo y un lugar —presentes ambos,
a ser posible— para retomar
impulso e imploraros a vosotros
¡oh, mis hermanos Tántalos y Sísifos,
y a ti Dios mío!, si no explicaciones,
al menos una o dos palabras
de ánimo y consuelo —quizá estén
sonando, quizá estén penetrando los goznes
herrumbrosos de aullido en la armadura—,
que me abran tragaderas, oh, sí, sí, entendederas
hasta el justo tamaño de mí ser mendicante,
y me muevan a sola petición
de más fe, más amor, más esperanza,
misericordia
                    Tuya
                              y gracia.

Singladuras

El poeta lapón Jeso Aormer (1765-1812) expresa la experiencia de una vida rica en aventuras y vagabundeos. Huérfano pobre, halló unos protectores menonitas en Jutlandia; cuando estudiaba teología fue vendido como soldado y enviado al Canadá. Pudo desertar y hacerse mercenario prusiano, secretario de un diplomático ruso y, finalmente, consejero literario de la gran casa editorial Göschen. El jovial *Weg zur Unendlichkeit*[23] (1799) refiere un viaje a pie de Copenhague a Roma y en *Gerichte darüber*[24] (1806) poetiza sin aspavientos ni romanticismo lo que juzga rasgos de un carácter sano y resuelto. Sentía en el metro aliterativo septentrional europeo el ritmo y la expresión de la fuerza heroica, la fuerte tensión anímica y las grandes conmociones emotivas. Y aprendió en el verso mediterráneo la mesura, la calma y la melodía. Era un espíritu libre e independiente, un escritor sabio y un observador vivaz.

---

[23] Camino hacia el Infinito.

[24] Poemas al respecto.

Alegría

La realidad está para vivirla
y hacerla más creíble absurdo sea.
Cuando escriba, en verdad, la realidad
no interese y sucedan los bellísimos
sueños: el sol se quiebre derramando
un vuelo de gaviotas por mi sangre.

Nunca me represente, no, a mí mismo.
Que mi espíritu ensaye dramaturgias
sin la solemnidad de la tragedia.
La sonrisa suplante al alegato
y un tenue humor acierte a revelar
el lado oculto del arcano negro.

Intente cada día ser vencido
por imperios de dulces hormigueos
burbujeando bajo la casaca
de reluciente gris, ribetes oro.
Redoblen los tambores de alegría.
Quede holgado el disfraz de mi poema.

Sea contradictorio y asimétrico.
Contradictorio —rantataplán— sea.

Et in Arcadia ego[25]

Tan copiosamente como la del autor más abundoso manaba la fuente de las canciones políticas e idílicas del profesor de Braga Jorge L. I. Moraes (1796-1872), destituido a consecuencia de sus manifiestamente inofensivas *Cançoes para os políticos desalinhados*[26] (1838). Desde entonces vivió errabundo, cantándolo todo: el amor y el desamor, el agua y el vino, la primavera y el otoño, los niños y los vagabundos, los príncipes y los desharrapados. En 1843 compuso en el Algarve *Um sol da Justiça*[27], que no es precisamente una obra literaria perfecta. Se leen con agrado sus poesías infantiles.

---

[25] *También yo he vivido en la Arcadia.* Esto es, también yo he sido feliz. La Arcadia era la región central del Peloponeso, con vegetación y valles paradisíacos. Los poetas aluden a ella como la tierra de la inocencia y la felicidad. Cfr. supra, la mención a la Arcadia en el poema *Armas completas.*

[26] Cantos para políticos zarrapastrosos.

[27] Un sol de Justicia.

Danza

El aire rompes
cuando tú bailas,
te late dentro:
ya te bailaba.

Aire que giras
por tu cintura
no se retrasa
ni se apresura.

Aire que avivas
y que recreas,
al ver tus ojos
relampaguea.

Aire que vive,
aire que abrazas,
aire que meces,
aire que mata.

Las islas protegidas

A una familia de antigua nobleza portuguesa pertenecía Morelia Jorges (1797-1848). Su vida callada, de soltería en apariencia desdeñosa de todo acontecimiento, transcurrió en el paterno castillo de Planície do Rio, cerca de Braganza, en la aislada finca de Amendoeiras, junto al río Gamoneda. Pero su cuerpo enfermizo y delicado albergaba un alma apasionada, profunda y original. A pesar de su actitud de tímida reserva, tenía una alta noción de su vocación poética: *Escuchadme y sabed, hermanos míos, / que para revelar todo don del cielo / ya desde el nacimiento profetizo / el breviario de nuestra salvación.*

Con extraordinaria vivacidad sensible percibe toda la exuberancia y el movimiento de su tierra natal. Capta las cosas mínimas, los colores y los sonidos, y las expresa en un lenguaje libre de tópicos, de ritmo vigoroso y personal. No buscaba en la Naturaleza una imagen de sí misma; antes bien, incluía en sus poemas a la propia Naturaleza, a la infinitamente diversa realidad de las cosas. Su lenguaje puede ser áspero, cortante, algo gris, henchido de oscuras visiones e intuiciones. A menudo huía de su propia inquietud y de la dolorosa y reprimida violencia de su alma, refugiándose en el calor familiar y en la seguridad de la fe y los valores heredados. Escribió baladas de asunto fantasmal, visiones nocturnas, palabras de rara sabiduría. Ajena a la blanda música del sentimiento, creó un lenguaje vivo, lleno de naturalidad y de un ritmo fuerte, abrupto en ocasiones. Sabía el valor de una única palabra justa y maduraba sus poemas en larga labor.

El almendro

Para Fermín, mi padre.

Considerad la vida del almendro
que se alza por detrás del cobertizo,
sencillez de semilla que escondía
el retoño en sus manos, todo mimo.

Porque también él es fiel criatura,
estirpe de los siervos de provecho
del Dios vivo, y lo sirve diariamente,
uno de tantos, firme frente al cierzo.

Desde que al alba irrumpe con su Gloria
hasta el último brillo del ocaso
su espesura se alegra con el sol,
su fronda reverbera sin descanso

y dulces contraluces lo hermosean.
Centinela en la noche, no reposa.
Guardián de Israel contra su adversario,
el Señor lo sostiene con su sombra.

Su madurar callado es su plegaria.
Así pronuncia lenta reverencia
y obtiene bendición sobre su rezo:
es el heraldo de la primavera.

Por secreta raíz, hasta su copa,
le fue dado alumbrar vida en invierno

y asciende la premura de la savia
para despuntar flores en febrero.

Una explosión de mieles en el aire,
una blancura tinta en llamas rojas,
un instrumento para que los niños
aprendan la belleza de las cosas.

Entrad en su interior: ved mariquitas,
la mantis religiosa y la crisálida;
los trajines de hormigas laboriosas,
los palacios de seda de la araña.

Puede fructificar con solo lluvia,
lo cual es esperanza en la paciencia.
Y dar fruto abundante, cien por uno,
toda su gratitud en la respuesta.

Brisa tenue pasea por sus hojas.
Un instante se mece entre sus tallos.
Así contesta —oídlos— cuando Dios
le dice: *¡Fermín, eres un buen árbol!*

Claroscuros de intrincados senderos

El peruano Omar Re (1945-1999) fue predicador adventista y, más tarde, sacerdote católico. Sus inquietudes le llevaron errante por incipientes teologías de la liberación; finalmente, incluso tales doctrinas le parecieron una cárcel dogmática y dejó púlpitos y cura de almas tras múltiples avatares repletos de agitación, conflictos y persecuciones por grupos terroristas y paramilitares, pero también por los serios avisos admonitorios de la ortodoxia que imperaba en las Iglesias oficiales. Acabó instalándose en la Amazonia y allí se hizo impresor (¿?), fabricante de jabones y poeta, sintiéndose un cristiano descreído de todo credo, sin más asidero que los destellos iluminados que, según decía, le proporcionaba el Espíritu Santo. Cronista de la vida del buen salvaje, quiso retroceder un par de centurias para adecuarse en lo posible a las elucubraciones de Rousseau —del que acabó renegando— y a la experiencia de las reducciones jesuíticas en el Paraguay, buscando la manifestación de Dios en la Naturaleza y en la Historia. Se propuso despertar en el hombre la aptitud y la disposición a percibir lo divino con mente pura, para lo cual se proveyó de un santoral a la medida de su devoción singularísima: escritores y artistas más o menos marginales, filósofos excéntricos, revolucionarios políticos fallidos... Se negaba a que la ironía y el pesimismo fuesen los rasgos fundamentales de la existencia terrena y se pronunció en favor de la tolerancia y contra la opresión en cualquiera de sus formas.

Su propia suerte de perseguido y de paria era considerada por él como el destino auténtico del cristiano sincero y fiel a una Revelación inefable, sin adjetivos, que siempre ha de tener como savia nutricia el aire de los *locos por Cristo*.

Nota biobibliográfica

Indocumentado,
con más mendrugo
que pan entero
bajo el brazo,
César Abraham
Vallejo Mendoza
nació en Santiago
de Chuco,
Huamachuco,
Departamento
de la Libertad,
Perú.
(Notad
el sonido humilde
de las tierras.)

Padeció cárcel,
muerte y resurrección
en trilces poemas
cuajados de hombre,
ya sabéis, de hombre
rabiosamente individual,
de hombre pobre y colectivo,
de hombre de barro,
de hombre mítico,
de hombre candeal.

Oprobio, París, España
con cálices hasta
las heces apurados,
y heraldos penumbrosos,
nuncios del mal.

Siempre cordial
y sublingual.

Con el sufrimiento,
con la pura misericordia,
no pudo construirse un porvenir,
apenas una derrota, una deriva,
un huero trabajo del decir.

Y encima,
tan subterráneamente
descoyuntado.

Qué más da.
Le hago una seña,
viene
y le doy un abrazo,
emocionado.

Es él, siempre,
quien da más.

La consumación de los naufragios

El hispanista germano A. Loregrim (1955-1992) era demasiado consciente del arquetipo problemático de su literatura natal: la tendencia a la densidad filosófico-teológica que amenaza de ruina a todo trabajo poético que se intente sumiéndolo en hondas crisis morales, racionalismo exacerbado y mitologías de imprevisibles consecuencias. De ahí su desesperación universal, su tendencia a un humor críptico y, por contraste, su afán experimentalista con probaturas y rarezas estilísticas profusas y diversas, cuando no su escapismo a poéticas más respirables, de raigambre decididamente mediterránea. Su poemario *Die Granatsplitter der Mauer*[28] (1990) se supone que deja constancia de su desencanto por el devenir de los hechos inmediatamente posteriores a la caída del muro de Berlín, y se abre con una cita de *Tiempo de silencio,* del español Luis Martín Santos: *Estos acontecimientos y los más banales del rancho o de la orina dan forma de calendario a un tiempo que, por lo demás, se muestra uniformemente constituido de angustia y de virtudes teologales.* Sin embargo, en entrevista reciente tras su publicación, declaraba[29]: *Que nadie se confunda. Mis poemas no pretenden la estirpe civil de un Brecht o un Enzensberger. Más afinidad tendrán con los del exiliado Luis Cernuda quien, mientras le acechaban guerras sucesivas y desengaños sin fin, se preguntaba si estaría envejeciendo con dignidad y rogaba a sus dioses se volviese a enamorar una vez más.*

[28] Las esquirlas del muro.

[29] *Hora de poesía*, separata número 45: *Poesía de la ex República Democrática Alemana, esa ironía*, 1990.

Falleció prematura y sorprendentemente de un ataque de risa mientras filosofaba con sus amigos tras una oración comunitaria, durante un animado ágape, sin demasiada mordiente irónica y farfullando un *¡Vaya todo por Dios!* a modo de viático.

Las primeras esquirlas

I. AUTORRETATO TRISTE

1989
fe
fe
fe
fe
fe
fe
fe
fe
fe
fe
fe
esperanza

1990
y
cavidad

II. TÁCTICA

tic   tac   tic   tac
      tic   tac   tic   tac   tic
      tac   tic   tac   tic   tac
            tic   tac   tic
                  tac
                  tic
            tac   tic   tac
      tic   tac   tic   tac   tic
tac   tic   tac   tic   tac   tic   tac
            tic   tac   tic
                  ¡ah
                  tac
                  eh?

                  tic

                  tac

      tic   tac   tic   tac

III. CAVIDAD

FE, ESPERANZA Y … FE, ESPERANZA Y … FE, ESPERANZA Y…
FE, ESPERANZA Y … FE, ESPERANZA Y … FE, ESPERANZA Y…
FE, ESPERANZA Y …   FE, ESPERANZA Y…
FE, ESPERANZA Y …   FE, ESPERANZA Y…
FE, ESPERANZA Y … FE, ESPERANZA Y … FE, ESPERANZA Y…
FE, ESPERANZA Y … FE, ESPERANZA Y … FE, ESPERANZA Y…

Y IV. ...NI REFUNDE SU CANTO HASTA EL POEMA[30]

Ya el poeta no hace como antes
bocetos de sus lágrimas...
ANÍBAL NÚÑEZ

Q p f n b
R q g ñ c
S r h o d
T s i p e
U t j q f
V u k r g
W v l s h
X w m t i
Y x n u j
Z y ñ v k
A z o w l
B a p x m
C b q y n
D c r z ñ
E d s a o
F e t b p
G f u c q
H g v d r
I h w e s
J i x f t
K j y g u

[30] Todos los poemas y las citas están escritas en español, en el original.

L k z h v
M l a i w
N m b j x
Ñ n c k y
O ñ d I z
P o e m a

Los fondos abisales

Cuando a finales del pasado siglo el reportero René Morand, un Tintín redivivo también aquejado del síndrome de Peter Pan, conoció en Madrid a la editora Yvonne Barral, hija del gran Carlos, y a la entusiasta y pizpireta María Gil de Biedma, sobrina de Jaime I el Conquistador, poco se imaginaban que podría surgir un grupo como *RÉMORA (CONTRA LA MALA LITERATURA)*. ¿Un colectivo creador desde el que amalgamar vida, escuelas y tradiciones poéticas? ¿Una superposición de historia y crítica literarias? ¿La voluntad, ya reflexiva, ya de denuncia, del estado actual de la palabra y la experiencia poéticas? Para *RÉMORA*, desde al menos las vanguardias europeas de los años 1920 y los *renegados* Ezra Pound y T. S. Eliot, el hecho poético corre peligro de atentar contra el necesario carácter mínimo de comunicación y de conocimiento; no basta la yuxtaposición de imágenes en torno a una metáfora o símbolo aglutinador y, sobre todo, al terminar un poema las cosas *no deberían estar* como al principio, habiendo sufrido autor y lector un cambio irreversible, irrepetible e inevitable[31]. Dicho lo cual, el sujeto que habla en el poema resuena más coral que individual, se *poetiza* la crónica o se aceptan el *collage*, las citas, las alusiones e incluso las notas al margen como nuevas armas cargadas de futuro... ¿Quién explorará mañana y con qué sondas las profundidades de simas y fallas?[32]

[31] Cfr. José María Valverde, *Estudios sobre la palabra poética. Rialp, 1952. Págs. 135 a 138.*

[32] Desde el anonimato que el pseudónimo concede, *RÉMORA* viene publicando también unos inclasificables *Trabajos de Justicia Poética.*

Los misterios de Eleusis

¡Bienaventurado el que ha contemplado todo esto
antes de marchar bajo tierra;
bienaventurado el que conoce el fin de la vida
y conoce el comienzo que otorgan los dioses!
PÍNDARO

Porque los ritos augustos no pueden
ser transgredidos, penetrados ni divulgados;
porque el temor a las diosas es tan fuerte que detiene la voz en la garganta;
porque mi conocimiento no te alcanza, ¡oh, Deméter!,
y sigues siendo en ti misma un misterio,
aquella que mis sentimientos hacen de ti,
cómo dar cuenta de aquellos oficios en Eleusis,
con sus noches insomnes, ya de plena luz al amor de tu lumbre,
ya de total negrura si volvías tu rostro,
cuando el velo que había tejido mi propia credulidad se rasgó.
Vuelvo a sentir mis pasos en martes alegre,
Triptólemo alejándome furtivamente
de toda oposición a hierros fiscales y grillos de mercaderes,
con ímpetu firme hacia el santuario elevado, corriendo al coche,
volando a las aulas del curso estival, para descubrir a prima tarde
a un Ángel Crespo que diserta sobre mitología griega y latina,
Espadaña, poesía mejor llamada cívica que social,
preocupándose por el hombre desgraciado
en una grisura y un tiempo de postguerra,
emulando a Mallarmé *—quiero una poesía que desconcierte—*,
afiliándose al Postismo, zafándose
desde su trinchera rebelde de la censura del Gobierno,
de la religión impostada y de la política caduca,
reavivando el surrealismo, buscando un lenguaje
nuevo e incontrolado, elogiando la imaginación,
la ironía, el irracionalismo y la falta de prejuicios...
Diferencias con mis bien amados poetas de los cincuenta:
la aceptación del simbolismo, con su tradición y su metafísica,
y el acuse de recibo a las vanguardias.

Diferencias no quiere decir enemistades, matización que le agradezco.
Bien, muy bien este Ángel, mensajero de varios cielos,
queriendo hacer más bello el mundo y ¡ay!,
súbitamente punzando, aludiendo a ti:

¿Quién que lanza una flecha no va en ella?
Pues donde van nuestros deseos
vamos nosotros, como el sol,
sin salir de su esfera, nos incendia,
y como son nuestras miradas
otra manera de entregarnos.

Entre lo deseado y el deseo
no hay distancias, ni apenas diferencia
— si va recta la flecha a su destino,
y aunque nunca lo alcance.

Porque toda Palabra esencial, todo Lenguaje de peso,
todo Verbo pugnando por encarnarse,
alude a ti, porque todo me recuerda a ti,
porque estás presente ya no solo en mi pensamiento, sino aquí,
en el Pozo de las Vírgenes y nos vemos después,
tú disfrazada de mortal, yo de Apolo,
y nos sumergimos los primeros en la piscina probática, recién encrespada,
y soy la flecha recta hacia su destino, esta vez sí...
Y el miércoles, al alimón, Mario Benedetti y Juan Gelman,
como en juego de bruñidos escudos, reflejándome destellos
de un diálogo a varias bandas: *Buscas una poesía*
de sentimiento sin romanticismo; una poesía
de la emoción sin melancolía, lanza uno.
¿Por qué tanto poeta se pierde en detalles
de su muerte personal?, refulge otro.
Mejor procúrate una frugal y verídica conciencia.
Frases como lluvia de consejas afiladas.
Y más granizo refrescante calando al corazón:
Amigo, desde el centro exacto de la muerte, celebra la vida.
Y citamos al Cortázar más lírico: *El poema*
deja de ser comunicación para hacerse contacto,
y salgo ebrio de júbilo y con unas ganas locas de estar contigo también hoy,
vámonos a cenar, y de hacerme con un volumen de *Cólera buey.*

Y la tarde del jueves acudo pronto y aparco cerca
y deambulo por esas librerías abiertas al aire libre y al calor de los cursos
y lo que finalmente me compro es *Palabra sobre palabra*,
toda la obra del otro Ángel, González, rapsoda sin aspavientos
de la mezcla de asombro y cotidianeidad amorosa que sueño contigo,
aunque su edificio de palabras ya esté leído y asimilado en buena medida:
para la necesaria relectura de las quimeras que devienen realidades
y del milagro que las engrana, siempre a punto,
y aunque esa noche no te vea —lástima de lástimas—
hay ágape y velada, sabor a despedida
y tertulia con el maestro y me llama compañero y lo escribe así,
compañero en poesía, en el ejemplar que me dedica,
y me da sus señas por si futuras cartas, por si más libros venideros
en busca de diálogo más allá
de las primeras impresiones y los enésimos congresos,
y vuelvo a casa con adrenalina burbujeante, levitando sobre el asfalto,
evocándote chispeante junto a los astros que a lo lejos titilan,
aliterando tintineos, como quería el joven Neruda viejo...
Y, en fin, ya es viernes vespertino, otra vez con Benedetti,
director del curso al cabo, que no enfrenta
la realidad y el deseo al modo cernudiano,
sino queriendo conciliar la realidad monda y la palabra lironda,
imaginando por un instante que decimos *Amor*
y que existe en el mundo una verdadera multitud
que tiene la posibilidad de entender de qué estamos hablando,
y entre todos y sobre todos, tú, nítida frente a la muchedumbre,
dadora de ambrosía, escanciadora de néctar, única destinataria
de mi palabra cuando la escuches de mis labios esta noche tras el concierto,
y el equívoco Mario —vedlo aceptando
taimado mis versos, silenciándome toda respuesta—
preguntándose teóricamente qué hacen los poetas con la realidad,
y María Zambrano contestándole con envidiable buena praxis
que cuando *surge la materialización, azote de nuestro tiempo,*
la poesía ha de atajarla *con su cuerpo,*
dando el cuerpo de la palabra en el poema.
Sí, el poeta ejerce un cuidado corporal de la palabra:
solo así ésta podrá dar lo mejor de sí misma.
Los poetas no siempre se encargan de nombrar la realidad.
Saben que es, en última instancia,
el sostén de sus tropos, la savia de sus alegorías.

El complemento de las palabras es el silencio
tal vez porque el silencio es nostalgia de la palabra.
La palabra que no te dije en la cita del martes
o la palabra olvidada en la del miércoles,
no certifican su no existencia; simplemente
no están en el poema, no están para el poeta.
No falta el espíritu sino el cuerpo de la palabra.
Algo así como cuando no me falta el amor,
¿cómo habría de faltarme?, sino tu presencia física.
Y yo ya, en plena crecida de la marea, empiezo a ver confluir todo,
vertiginosamente, hacia el vórtice: silencio, espíritu,
palabra, cuerpo, pensamiento, obra y omisión.
Por mi culpa, por mi culpa, por mi grandísima culpa.
Y tú, en el fondo y de fondo. Y tú, de vuelta, en primer plano,
nítida entre la multitud, única destinataria de mis invocaciones;
la realidad se convierte en poesía merced a la interiorización del poeta,
siempre responsable de la elección fragmentaria de los datos reales
y sobre todo del montaje final y en poesía —oh, Pound, oh, Cardenal—
cabe todo: fragmentos de cartas, crónicas de un café conversado,
teatro y cine compartidos, anécdotas, noticias...
y el poeta es un peregrino cordial,
un expedicionario de los sentimientos
y, claro, también un orfebre de las palabras,
pero esta no es mi prioridad primera; después de todo,
el sentimiento también es realidad y bendita mi palabra
si encuentra eco para que la escuches, oh, Deméter.
Volvamos a la realidad, palabra de Hierro, José,
y consejo sabio al que asiente Benedetti.
Podemos irnos con las palabras, soñar
con las palabras, desfallecer con ellas,
pero una y otra vez debemos volver a lo real, aquí, tú y yo,
ahora, a cielo abierto en el Eleusinion no lejos de Atenas,
tercer ciclo de música y teatro en el Telesterion.
No todos podemos realizar el sueño de una realidad que se ajuste
a nuestra fe y a nuestra esperanza, entre otras razones
porque en cada realidad están presentes las realidades prójimas
y solo Dios sabe qué sendas abrirá Verdi
en estos instantes con *La forza del destino*
rondando por tu cabecita, tan próxima a la mía;
a mí a mieles sin empalago me suena, a premonición cumplida,

y luego, en el violín de Tchaikovsky, mi palabra se halla a sí misma.
Sentimiento sin romanticismo, emoción sin melancolía, quiero recordar,
pero Tchaikovsky no me deja. Somos realidad y somos palabra
y somos música y también muchas otras cosas y hablamos de esto
entre pieza y pieza, y de quién dudaría que ser realidad y palabra y música
son tres apasionantes maneras de ser plenamente humanos,
ergo atisbadores de lo divino, iniciados en sus misterios,
proclives aquí, en Eleusis, a la plegaria,
como allá, en la fantástica Samarcanda.
Beethoven nos ha oído, se crece y hecho un Zeus
amontona las nubes y arrecia los vientos
como acompañamiento majestuoso a su *Quinta Sinfonía*,
y al límite más extremo lleva el allegro con brío,
ensancha el movimiento en el andante con moto
y los compases finales se alternan enardecidos
con el vuelo esporádico de partituras
y el derrumbe de atriles sobre la piedra,
brindándome diminutos allegrísimos.
¡Qué mal lo estoy pasando, por los músicos!, musitas a mi oído,
y esta sutil antítesis rebosa el vaso de mi continente.
Adiós música maravillosa, adiós;
adiós palabras aladas, adiós, adiós...
Bienvenido, Ariel, susurro hecho caricia, soplo del Espíritu
que viertes tu vuelo directamente a mi corazón esponjado.
Como Elías, te reconozco: eres la Poesía otra vez haciéndose carne,
habitando entre nosotros. Ya está, ya está, tenía que ser,
me nacerán versos cuando salga del trance;
volveré a encontrar sentido y belleza
a todo cuanto me digas; pero ahora
todo es ininteligible y absurdo por elevación,
ahora te transfiguras, eres solo inflexión de voz, alma de voz,
quintaesencia de voz traslúcida que tiende a la transparencia,
a la pura luz, y a la vez toma cuerpo, acaso materia gelatinosa
que me invita a no sé qué comunión de un solo sorbo y bocado,
a no sé qué resurrección compartida en qué cielo;
inercia divina que me empuja a no sé qué beso voy a darte y en qué boca,
porque entre lo deseado y el deseo no hay distancias,
porque no hay tú y yo, porque te quiero besar y en realidad
estoy llorando junto al sepulcro, porque se han llevado a mi Señora
y no sé dónde la han puesto y Dios mismísimo

desde mis propias entrañas, tan mortales, tan mortales,
diciéndome: *Hombre, ¿por qué lloras?, ¿a quién buscas?*
Y yo, tomándote quién sabe si por la hortelana,
me vuelvo cegado hacia ti y quiero balbucir:
¡Rabboni!, que significa *¡Maestro!*, pero te me adelantas
y escucho sin palabras, en lo más profundo de mi oído interno,
a tu políglota palma vertical extendida en universal lenguaje de signos:
Echa el freno, Magdaleno, en purísimo román paladino,
o, según el texto que aparece en la Vulgata, *Noli me tangere.*
Como en el cuadrazo de la iglesia de San Francisco de Borja;
igualito que Antonio Allegri, Correggio, en el Prado:
yo, como acurrucado en el suelo, como arrodillado a tus pies,
apegándome a tu nacimiento del humo blanquísimo,
al origen del incienso ardido en que asciendes:
Noli me tangere, suéltame, que todavía no he subido al Padre;
suéltame, no quieras tocarme; escúchame si es preciso en latín clásico
o en griego arcaico traducido de homérico himno:
¡hombre ignorante, insensato, que no sabes distinguir tu suerte ni tu desgracia!
(verso doscientos cincuenta y seis).
Y estas tus palabras inauditas, tan claritas, tan purísimas,
tan tatuadas como estigmas estridentes en tu mano,
me aturden y me asustan como los vuelos callados y tortuosos
de los murciélagos que al crepúsculo van saliendo de sus covachuelas.
Y van colgando tristes, una a una, las estrellas medio veladas
por las nubes ahora en estratos, dispersas por un nocturno afónico,
ronco, ahogado, de un Chopin que ya no suena, ¿por qué *nada* suena,
todo tímpano detonado por tu tonante silencio detenido?
Y vuelvo a vivir aquel gélido estupor, sordo claro de luna impresionista,
en plena canícula, aire coagulado como absurdo bloque de hielo,
como que cuesta tajarlo a cuchillo, como si cada palabra
saliese de un Debussy desafinado que de hito
en hito agoniza con un chasquido, como un mosquito aplastado
contra el parabrisas de mi coche color calabaza oscura
—¿en esto paran los ritos primordiales
de la vegetación, del alimento y la procreación,
de la vida y de la muerte?— de vuelta al umbral de tu morada,
donde puntualmente te dejo antes de medianoche, con tus *dos*
sandalias de cristal, cada una en su piececito,
a prueba, esta vez sí, de toda rotura, extravío y prenda.
Adiós, Cenicienta. Fin del concierto, fin de fiesta, fin de curso.

Fin de todos los recursos, discursos, retóricas y poéticas.
Era la hora de la verdad, la flecha recta lanzada
sin hacer diana en ningún sitio, que ya no hay espacio;
la hora estática vibrando suspendida en el no tiempo de la soledad,
ahuyentando las otras, las de sesenta minutos
que se hundían en torbellino hacia el sumidero de la noche
amadrugándose sin que me diera cuenta.
Ansiosamente seguía mis pensamientos
arremolinándose, reavivando el surrealismo,
buscando un lenguaje nuevo e incontrolado,
en amalgama de pasmos y jerigonzas,
por la carretera, mezcla de asombros sin sombra de cotidianeidad amorosa,
sin fe, hasta los fundamentos de mi conciencia, sin esperanza,
arrasando una por una todas mis ilusiones, mis ilusiones, mis ilusiones...
En vano me aferraba a la cronología última rastreando los lapsos perdidos,
la localización de cada puerta trocada muro en el laberinto,
los bíbidi-bábidi-bú de cada encantamiento.
En vano, porque la tolvanera retrospectiva pronto engullía días,
semanas, meses y años atrás en ringlera
de bocanadas desmesuradas, absorbiéndolo todo,
tragándolo todo por sus mil y un agujeros negros.
Por mi culpa, por mi culpa, por mi grandísima culpa.
En vano, despavorido por el vacío desconocido
donde estaba a punto de caer, recordaba de pronto
por qué tanto poeta se pierde en detalles de su muerte personal.
Último resto de mi pubescencia, *requiescat in pace*;
poesía, *requiescat in pace*; virtudes teologales, *requiescant in pace*;
todo cuanto parecía claro y sagrado para mí, *R. I. P.*
El discurrir inflexible de mi conciencia,
nada frugal y muy dudosamente verídica,
era demasiado fuerte. ¿Qué se hizo de ti, Amor?
¿Dónde está la verdadera multitud
que tiene la posibilidad de entender de qué estoy hablando?
Ejércitos de vivencias, de recuerdos, de creencias,
cosmologías y cosmogonías... me esforzaba por desmentirlo todo.
La cascada infinita continuó de manera tanto más atropellada,
obstinada y severa cuanto más llegaba a su término
y no paró hasta que alcanzó el último desaguadero de la última letrina.
Entonces intuí que no quedaría nada en pie
y sabía que otra vez iba a llorar, ahora

sin éxtasis místico, y de ninguna manera quería que tu omnipresencia
viese mi sombra exánime multiplicándose, dividiéndose,
tiritando titilante bajo la lechosa luz de las farolas como hachones,
bajando fantasmal y desolada, sin vigor, hacia el Hades,
de modo que violentamente giré el volante y hube de aparcar en la cuneta,
no fuera que, encima, me la pegase.
Y allí quietecito,
acoquinado junto al motor inmóvil que presagiaba más sofística,
con el arúspice Franco filosofando desde algún otro mundo
quizá más compasivo y ondulante, vaticinándome con sus aes largas,
doloridas, y sus entrecortados quiebros musicales:
forastero que buscas la dimensión insondaaable
la encontrarás-aaaaa-ás al final de tu cami-ino...,
allí, con gesto mendicante de sentido,
como Pedro y los dos hijos de Zebedeo,
perplejo y abatido, dejado de la mano de la diosa,
de la mano de Dios, de las alas de los Ángeles custodios
y ahíto del olvido de los hombres,
al este de aquel mi Getsemaní de ínfima categoría,
vomitando la última cena que no cenamos tú y yo,
rodeado por las legiones de mis siete demonios capitales
—Azrael, Nebroel, Samael, Belzebuth, Nasbodeo, Belial y Abbadón—,
acabé de rebozarme en el fango de tantísima tristeza y angustia,
incapaz de velar y de rezar a un tiempo
que pasase y se alejase de mí aquel cáliz,
pero que no se hiciese lo que yo quería sino...
Hasta que, al fin, deshecho en un *ecce homo* de mocos y lagrimones,
me dejé vencer por el desconsuelo, sin que con materiales tan lábiles
ninguna de las bestias presentes, todas con mi cara boba,
boba y fláccida, tan macerada a fuerza de tanta bofetada recibida
sin haberte dignado rozarla, acertásemos a pergeñarte
siquiera un mínimamente aceptable himno elegiaco,
por más que a gritos nos lo pidiera el cuerpo,
siempre tu venerable cuerpo, oh, diosa.

* * *

El secreto ha quedado bien guardado. El mito de Deméter avala el prestigio de su santuario en Eleusis, donde la diosa obsequió al héroe aquella primera semilla dorada. Si hubiera caído en tierra y no hubiese muerto, habría quedado infecunda. En cambio, si el grano muere en lo más profundo de los detritos del alma, da fruto abundante. De allí brotaría la primera espiga de amor cuajado. Por su inspiración comenzó la cultura del cereal, la del trigo y el pan, que caracteriza como alimento básico la nutrición humana. Píndaro tenía razón. Pero los que jamás podremos leer con transparencia del griego clásico, habremos de servirnos del extravagante arte de un Carlos Barral que

...ungió la carne
triste frente a las aguas tenebrosas
y nos hizo nadar y hacer poemas
y traducir sin falta y entender lo oscuro
y hablar con desempeño,
y recorrer el bosque
que no tiene caminos por el día.

II. Pasado, presente y futuro de las borrosas fronteras

Valoración de un poemilla renacentista: Cave poetam[33]

En el Renacimiento, un buen poema se valoraba por la mayor intensidad de luz que arrojase sobre la moral cotidiana: qué debía perseguir el hombre para alcanzar la virtud y su realización como individuo. La moralidad humanista, estoica y epicúrea en buena parte, competía con la cristiana y, ambas, contra las ideas medievales de rechazo del cuerpo y del lucro. Había propugnado Petrarca un retorno a la Antigüedad que quería ser rebelión cultural y esperanza en el futuro. En España, a partir de 1550, se consolidan las maneras italianizantes y el verso endecasílabo; se busca una nueva lengua poética culta y, a la vez, el latín unifica las poéticas y las teologías; el espíritu quiere rebosar los moldes conocidos y persigue verdad, armonía y belleza en filosofías y artes más permeables entre sí, más plásticas y movedizas...

En este contexto, ante sí o dentro de sí, el poeta, confusamente, vería flotar un retazo de vida en bruto, un núcleo para él valioso, aún no verbal, un fondo sin fondo en formas líquidas, una miscelánea variopinta y excesiva: el arrebato erótico que le nacía cada vez que Clío se dignaba girar hacia él, en *turbio escorzo*, su rostro, tal vez su cuerpo todo; su imagen así mostrándose y hurtándose sucesivamente, reimprimiéndose de hito en hito y a fuego en las entrañas[34]; la fuerte contención o refrenado arrepentimiento por

[33] Cfr. *supra,* los *Reinos envueltos en sombras luminosas.*

[34] Cfr. *Cántico espiritual,* texto definitivo, segunda redacción según el Manuscrito de Jaén, Canciones 11 y 12, de San Juan de la Cruz:

el temido error que envuelve a quien se sabe proclive, si no sometido, a las pasiones; la convicción de que tal realidad —su vivencia—, no tiene *ningún* valor literario.

A los ojos de su autor, ¿el valor de un poema podría darlo entonces la paulatina decantación de tal magma, el orden y concierto en la destilación de palabras escogidas, salvadas del caos y puestas en su lugar en negocio de particular juicio, así en lo que se dice como en la manera que se dice, mirando su sonido, contando las letras y pesándolas y midiéndolas[35]? ¿O tal valor sería el resto que quedase después de quitarle las supuestas *fuentes,* las lecturas previas que pudo haber tenido, las tradiciones que aceptase o repudiase y los influjos conscientes o inconscientes de versiones anteriores —orales o escritas, pintadas o esculpidas— sobre un mismo tema? La literariedad de cada poema es más compleja y sutil. La *imitación* formaba parte de la poética. Y el poeta, más que crear, lo que hace es reescribir —reescritura que se puede convertir en tenue alusión— a partir de un expurgo personal de obras de arte anteriores a él. Se produce un fenómeno de transformación del poeta en el poema. Este cambio va ligado a la búsqueda de profundidad en la palabra poética, porque la palabra cotidiana se queda corta. Una profundidad que tiene un doble ori-

---

Descubre tu presencia
y máteme tu vista y hermosura;
mira que la dolencia
de amor, que no se cura
sino con la presencia y la figura.

¡Oh, cristalina fuente,
si en esos tus semblantes plateados
formases de repente
los ojos deseados
que tengo en mis entrañas dibujados!

[35] Cfr. Fray Luis de León, prólogo al libro III de *Los Nombres de Cristo.*

gen ora en el mero pasmo y la pura mudez, ora en la necesidad de adquirir y propalar intuiciones, presagios o sabidurías de sibila, que no consisten tanto en rescatar mitos y dioses grecorromanos, como en obtener un objeto verbal decididamente inclinado a la belleza, lleno de trasvases desde un nivel léxico estático a otro poblado de imágenes en fluido y acompasado movimiento.

Más bien, el valor intrínseco de un poema logrado sería aquel que reflejase lo más fielmente posible la transformación de un mundo, una experiencia y un lenguaje esencialmente informes, carentes de sentido, a medio hacer, inútiles de por sí de tan utilitarios, en otro ámbito lleno de resonancias y trascendencias, pronunciado con voz de primer día de la creación y con palabras plenas de significado.

Por ejemplo, un título de un poema en latín, escrito todo él en romance, para un lector medianamente culto del siglo XVI, puede querer indicar que quien lo escribe se considera —no sin estupidez— un poeta clásico, o que pretende insertarse en las corrientes humanísticas, o que está al tanto de las últimas tendencias literarias dictadas no ya por un Garcilaso rupturista sino por un más académico Brocense, o incluso darle un matiz de divertimento irónico, perceptiblemente provocador y erasmista, en la estela del *Laus Stultitia*[36].

...O que ese mismo poeta se declare *hijo de Furias,* para un observador poco avisado quizá tal filiación no pase de que el sujeto que habla en el poema está *enfurecido* o colérico por los visajes más o menos inocentes de su amada; en cambio, para quien haya leído a Virgilio, la expresión

[36] *Elogio de la Locura,* de Erasmo de Rotterdam, París, 1511.

tendrá una raigambre más compleja, relacionada con lo demoníaco y opuesta a la *pax* de Augusto y a la *pietas* del hombre justo que personifica Eneas —y recordemos, por lo demás, que Clío es poseedora de un *cuerpo impío*—.

De modo que el poeta, haciendo de la necesidad virtud, puede y quiere intentar transformar sus apetitos y su lenguaje, deslizándose a) desde la sopa de silencio primordial anterior al poema en que sobrenada su espíritu *huérfano de Dios y de fuerzas lacias,* habitante del Hades, al estallido incontenible y apretado de conceptos en un puñado de sugerencias varias y proteicas; b) de los primeros versos retorcidos y trastabillados por causa del escorzo, a la musicalidad serena que se impone; c) del comedimiento de distancias y perspectivas, a una progresiva y franca sensualidad; ofreciendo una sobria advertencia, más para sí mismo que para su musa, en desatado catálogo de mesuras silábicas, elegancias fónicas y connotaciones brillantes o paradójicas en un molde métrico aún más constreñido que el del soneto; en suma, todo un mundo de ideas que pueden aflorar, o no, según el lector, según la lectora, que acuse recibo del poema.

Y tú, oh, Clío, amparo de nuestros devaneos, inventora de la cítara, a eterno renacer emplazada por tan neoplatónico esteta, ¿cómo juzgaste, juzgas o juzgarás el poemilla y a quien de buena fe así te avisa? *Cave poetam, cave poetam...*[37]

---

[37] Cfr. nota 15, supra.

Catábasis

Las noches sin estrellas, con duermevelas cuajados de fantasmas sobrevenidos, suelen ser propicias para los exorcismos y no es raro el triple desdoblamiento, a saber: *primum,* mis antros interiores vueltos recoletas capillitas intestinas; *deinde,* una cumplida legión de mis demonios larvados, orugas secretando su capullo, pugnando por batir las alas que aún no tienen, queriendo reduplicarse fuera de mi cuerpo; *tertium,* la espiritual mugre acumulada heridas adentro durante las vivencias diurnas mal digeridas, aventándose en súbito sarpullido del alma sin regurgitaciones, o con las menos, por mi *alter ego,* Jano de dos rostros, el del Pseudopoeta y el del Archipoeta, erigido exorcista revestido[38]. Catábasis o descenso gradual a los infiernos, llámase con alguna propiedad el nada sumario proceso.

La primera en comparecer es la conciencia, cada vez más vívida, de la melancolía. Enseñoreándose viene desde una Edad Media sin medida —tal vez una hora, cinco puntos, quince partes, cuarenta momentos, sesenta ostentos, veintidós mil quinientos sesenta átomos de tiempo; tal vez otra hora, otros cinco puntos...—. Es la tristeza permanente, con su sabor desabrido, de fármaco inútil y picante, puro éter etílico. Es la bilis negra que se aposenta en el centro del corazón, así como se asienta Satanás en aquel amplio campo de Babilonia, como en una gran cátedra de

[38] Jano Bifronte, *De mysthica poetica, I*

fuego y humo, en figura horrible y espantosa. Ved cómo hace llamamiento de los innumerables diablos y cómo los azuza y esparce por toda víscera, no dejando miembro, articulación, tendón o juntura sin henchir. Esta invasión y avasallamiento debilita toda mi piltrafa humana hasta embotar los sentidos, adormecer las voluntades y precipitar el trance. Los caídos ángeles acólitos del exorcismo —que de todo hay pellejo adentro— me sujetan de rodillas delante del altar *ad hoc*, con una especie de red al cuello con la que me tienen atado, obligándome a expulsar los primeros abortos verbales, entre ridículos gemidos ahogados, las no fingidas lágrimas y la libre asociación de ideas:

> Haber sudado sangre poro a poro,
> guardado riguroso miedo y fiebre
> y luto anticipado por mí mismo.
> Haber bebido pústula en la noche...

El oficiante lee en mi presencia muchas oraciones y jaculatorias de las esparcidas por las paredes y los suelos de la celda donde me hallo: libros de poetas consagrados y sin consagrar, alguno que otro herético; poemas ajenos recortados de revistas con censura eclesiástica y sin ella; correcciones, tachaduras y remedos de versículos de invención propia garrapateados por todas partes; papelotes salvados de la quema en anteriores conjuros; esquejes de verso y otros restos de incontenible verborrea...

> Tener tu nombre en vela por mi boca
> limpiándome las pústulas abiertas,
> tu nombre pronunciado, anticipado
> en esencia de lágrima, tu sangre.

Ya súbito enmudezca, ya declame más fuerte, el Pseudopoeta suele mandar a Belcebú que ahueque los espaciooos de mi cuerpo laceradooo, con grandes aspavientos que acompasan mi paroxismooo. Todas sus imprecaciones las extrae de un breviario, más bien un mamotreto, que se acrecienta a cada exorcismo con nuevas escorias, escolios y excrecencias de fantasías. Después se me enfrenta vis a vis, con la mirada clavada en mis ojos, hablándome directamente a mí o vituperando a Belial en mi persona y entonces, injuriándole, zarandeándole y dándole grandes bofetadas y pescozones procura —ya que a esas alturas la cabeza da tantas vueltas sobre el eje vertebral del cuello que todo se alterna— procura, digo, escupirle a la cara. Mis entendederas suelen atender a sus requerimientos con tartamudeos retardados, torpes y beodos:

Haber bebido sangre boca a boca,
anticipado miedo en atroz nombre
y noche empustulada por mí mismo
después de haber sudado el alma pura.

Algo en mí va cobrando resuello y quiere responder por mí mismo, confesando cuánto siento las mociones de mi mal; o bien por Lucifer, Portador de la Falsa Luz, cuánto teme a Dios y cómo estos exorcismos tienen efectos contra él, que yo lo noto.

Tener la noche sangre por mi nombre
guardándome las lágrimas abiertas,
tu fiebre pronunciada que anticipa
sin luto y nombre: pústula tu fiebre.

Después de toda esta retahíla, que juro que no son todo despropósitos y que dura toda una Edad Moderna o Contemporánea, el Archipoeta se retira en un último esfuerzo a mis resquicios más íntimos, queriendo encontrar en lo más recóndito el templo del Espíritu Santo, y allí, minúsculo y encogido, acierta a rezar con motitas raspadas de mi corazón en una mano y sosteniendo en la otra un cirio de olor encendido, quemándolas poco a poco, hasta que uno tras otro mis demonios, de súbito empequeñecidos, se ofuscan, tosiendo y revoloteando zigzagueantes y vencidos boca abajo, buscando salida por el bajo vientre, con los élitros impregnados en rara chamusquina y musitando denuestos en falsete. A todo esto, Jano Venerando va pronunciando plegarias y, al final, las palabras de amenaza y de rigor contra el Maligno, con una voz lo más alta y dominadora que puede: *Vade retro, Satana!*[39]; *quousque tandem abutere patientia nostra?*[40]; *pacem cum inimicis, bellum cum vitiis*[41]*... et cetera*[42]. Hecho esto, vuelve a colocarme los restos de cenizas cordiales, rarísimo emplasto, en su sitio, y se reúne conmigo, hablándome como a un liberto; me hace desatar por los ángeles de la Nube del No Saber y me devuelve a mis cabales para que deudos y amigos me hallen salvo al alba tras los sudores y los vapores de tanta combustión.

La fase subsiguiente, analítica y razonadora, no es menos espeluznante y se acompaña de sensación de estafa, culpas y explicaciones no solicitadas que desvelan todas las acusaciones manifiestas. El Pseudopoeta, ya sin casulla, procura despepitar la granada sin exprimir ni un mínimo

[39] *¡Retírate, Satanás!*, Vulgata, Mc 8, 33.

[40] *¿Hasta cuándo abusarás de nuestra paciencia?,* Cicerón: primeras palabras del discurso contra Catilina.

[41] *Paz con los enemigos, guerra con los vicios.* Mote, lema o divisa caballeresca.

[42] Y las demás cosas, y lo demás.

zumo. Que si diablos como estos, con remoquete clásico y al itálico modo, son de la peor especie, pegajosos y empecinados, y que cuesta mucho extirparlos, sobre todo si traen acopio de rimas. Que los más de los sofocos no maduran en poemas hechos y derechos. Que la calidad de los que boquean tras las agonías, como el noventa y nueve con nueve por ciento de la producción poética de nuestros tiempos —y la de todos los tiempos— es puro pis de gato (Aldous Abbadón Huxley, el Exterminador, más o menos *dixit*). Que no por mucho leer a Gil de Biedma o a Joan Brossa, se le contagian a uno las sextinas: más Arnaut Daniel y más Camoens que amanecieron, estos sí, más temprano. Que a pleno mediodía también se pueden practicar exorcismos. Que ayer, sin ir más lejos, tras rumia de tres tardes y cuatro breves pataletas en el hígado, parieron siete o seis heptasílabos, el último, pobrecillo, algo dislocado y sin exclamaciones, con aire de gran perplejidad y desamparo y como queriendo aspirar a título sin conseguirlo, una especie de serpiente lírica mordiéndose la cola en una estructura circular que no logra, lo cual mueve a más lástima:

El que no dice sí.
La que sí dice no.
El que no tiene si
la que sí tiene no,
no dan sino dos sin
don.
Maldita canción.

Que los dolores del parto incluyeron la expulsión de un gran diablo cornudo y con pintas que, al salir, hizo que vomitara espumarajos, mis espinas de merluzo y un mechón de pelo de *la que sí dice no*, con su dije y todo. Y como hubo entre el auditorio —pues damas y caballeros y menestrales y rabizas y sibilas y filósofos y fiscales y jueces y bufones, ya en carnavales, ya en cuaresma, habitan pellejo adentro— como hubo, digo, quien espetara al sacerdote que aquel aprendiz de poema no estaba enteramente pulido y perfilado, Jano alegó que incordiaba otra clase de espíritu más ligero y menos dañino que el que se había presentado a primera hora, pero que este género de Leviatancillo o Querubín de mis Tinieblas —pues también la demonología tiene, sus esferas, nombres y distinciones más particulares— era fácil de conjurar: *Poned SIN DON al encabezamiento, que es verdad común entre los vivos y nihil novum sub sole*[43].

¿Qué lenguaje es este que Pseudopoetas y Archipoetas hablan constantemente consigo mismos, para con las voces y con los ecos? Un idioma ininteligible para los que viven de mi piel afuera, que nadie más osa entender, y aun así todo son medias palabras y sombras de dudas y quién sabe si sahumerio no a humo de pajas. A la postre, todo mi esfuerzo por alcanzar un buen poema puede reducirse a esto: apretar los puños, rechinar los dientes y torcer la boca cuando rompe su cáscara el primer verso, pues tiemblo ante las penalidades, cuidados y desvelos que vienen detrás. Y qué tormentos me acarreará el último, si es que vuela. Y mascullo a veces estas palabras: *si fallor sum*[44], pues voy para letrado de amplio espectro y no quiero perder, otra locura para los tiempos que corren, mis residuos de latín. Antes de resucitar, con Homero, Dante y el credo de los Apóstoles, sé que Jesucristo en persona bajó a esta Gehena. Que Dios me perdone y se apiade de mí.

[43] *Nada nuevo bajo el sol*, Vulgata, Ecl 1, 9.

[44] *De libero arbitrio, 2, 3, 7. "Si me equivoco, existo." Es lo que argumentaba San Agustín contra los escépticos académicos. Tiene una célebre máxima consiguiente en el Discurso del Método: "cogito ergo sum". Y así, entre agustino y cartesiano, va el ánimo tirando.*

Desde un año sin número ni nombre...

...a los eternamente veintisiete de mi edad. Recurrente. La escena tendrá una propensión al absurdo, no por el encadenamiento de incongruencias, sino por su exceso de formalidad y una sensación de ironía flotando de continuo en el ambiente. Comienzo abrupto y tras él, fluyendo deliciosamente, toda la irrealidad compacta y de una pieza, como cascada de fragor sedante. Me veo llamando a la puerta de un septuagenario catedrático de literatura, pozo viviente y profundo de sabiduría poética. O tal vez sea la de un escritor vaga y mundialmente desconocido antes de haber recibido el premio Nobel. Puede ser también Jorge Luis Borges, que ni lo uno ni lo otro. Quizá por aquello de que escribió una lírica que le dio un agrado no compartido, lo que mi corazón subconsciente recuerda es una ternura inefable y una hermandad de espíritu indeleble. Me oigo saludando atenta y efusivamente a mi anfitrión. Siento el elegante movimiento de mi mano entregando una tarjeta en la que bajo mi nombre aparece impreso: "Profesor de Poesía". *Ciertamente la profeso,* añadiré con una franca sonrisa. Iré vestido con un impecable traje gris marengo que contrasta muy agradablemente con la blancura de mi camisa, una corbata de fondo negro con miniaturas de rojos monjes medievales miniando dragones en plata, y unos zapatos recién lustrados. Indefectiblemente, por mi querencia a la escucha y mi lentitud postural tendente al hieratismo, pareceré más tímido de lo que soy. Hablaré, solo cuando se me inquiera, con una voz de barítono que, sin remedio, dará más gravedad a la conversación y no me explayaré, en absoluto, más allá de lo justo y preciso. Paulatinamente se apreciará que tengo un buen gusto innato y una natural aptitud para los modales apropiados. Habré estudiado antropología en Oxford, teología y ciencias aplicadas a la poesía clásica en Roma y filosofía práctica de la vida poética en una maestría postgrado alrededor del mundo, muy bien subvencionada por la Universidad de Berkley, California, Estados Unidos de América. *...Ni la palabra de Dios ni el corazón del hombre. Tres millares de poemarios leídos —solo autores convenientes y únicamente libros contrastados— y aún persigo las fuentes de la Poesía y su razón de ser, sin alcanzar su meollo secreto...* Habiendo mirado de reojo a la hija, la que caerá rendida será la madre, que no verá en mí la menor tacha. *¿Y escribe usted versos?*, a una me preguntará la hospitalaria trinidad expectante. Ante mi escueta respuesta, con los ojos gachos, como niño que confiesa sus faltas, todos resoplarán aliviados y solo el padre Somerset Maugham me devolverá súbito a este lado de la vida con un potente y correctísimo castellano: *¡acabáramos!, ¡el acabose!*

Índice

BREVE ATLAS DE MUNDOS PERDIDOS

Esta obra
se acabó de imprimir
con los auspicios de
Charo Fierro y
Antonio J. Huerga, editores

FINIS CORONAT OPUS